大夏书系·教育新思考

好的教育，面向未来

我眼中的教育人物

HAODE JIAOYU,
MIANXIANG WEILAI

程红兵 著

华东师范大学出版社
ECNUP　全国百佳图书出版单位

目录
CONTENTS

第三辑　观校读人 ▣

第四辑　读书读人 ▣

序　我在校园里走过一生

程红兵

　　时光荏苒，我 13 岁上中学，17 岁考取大学，就读师范学院，21 岁毕业出来当老师，如今已经是年且 60，转眼我已经在基础教育界工作了整整 37 周年。这 37 年的教育生涯中我做了多少事？教了多少学生？认识了多少同事？结交了多少同道好友？上了多少课？开了多少会？作了多少次讲座？发表了多少篇文章？出版了多少本著作？哪些是有意义的工作？哪些是无意义的教学？哪些是有价值的探讨？哪些是无价值的研究？我没有去做认真的统计分析，其实也无法精确地统计分析，更没有必要去做，生活本身就是混沌的，且让它混沌吧。

　　我中学时代的同学和老师陪我走过了浪漫的少年之旅，那是一种无忧无虑的生活，没有激烈的考试竞争，没有死记硬背的应试教育，没有天天作业、周周考试、月月排队的紧张。班主任有章燕萍老师、陈庆澜老师，章燕萍老师教数学，汪美芳、韩克光老师教语文，陈庆澜老师教政治，张菊花老师教英语；同学无数，有侯清木、邱情晶、叶忠东、程高青、李庆、陈明、张小杰、李建国、戴国亮、姜小英、吴兵、皮富华等，我们也读书，也写作文，也做数学，但更好玩的是学工、学农、学军，在广阔天地里自由自在。我大学时代的班主任颜长青，班长徐肇锋，同学宁冠群、李国斌、邱尚仁、王德宝、何明清、武秀成、刘志工、万华瑞等，以丰富的社会生活经验带着我这样的应届高中生度过了四年大学生活，那是畅游书海的四年，是虽然艰苦但只觉其乐的青春岁月。我在上饶市一中的执教生涯，有初出茅庐的稚嫩，有磕磕碰碰的启程，有崭露头角的青涩，有豪情满怀的激扬，我和校长苗敏达、胡启杰、聂文明，语文组长俞宝将、邓增刚、鲍康，同事纪树塘、史美庭、俞国俊，教研员万真海、田庞元一起共度了一段美好时光，从他们身上学到了很多有益的教学经验。我在上海建平中学的教育岁月，遇到了富有理想主义精神的全国知名校长冯恩洪，他浑身上下散发出的个人魅力，带有一种鲜明的浪漫主义色彩，他的教育改革高高举起人的大旗，他全新的教育理念引领了一个时期的中国基础教育，在我眼前仿佛天地为之开阔。在上海这座国际化大都市里我遇到了以于漪老师为代表的中国基础教育界中最杰出的一批语文名师——于漪、钱梦龙、陈钟樑、方仁工、陆继椿、金志浩等，特别是于漪老师，她的人文教育思想，她极富亲和力的语文教学，她大力助推青年语文教师成长的无私品质，她创新而不偏激的思维方式，她切实而不守旧的话语方式，都带给我很大的震动，在我眼前仿佛境界为之高远。我曾在的上海市建平中学隶属于浦东新区，处在改革开放最前沿，拥有全球视野，发展空间广阔，学校校长、教师给予我诸多帮助。浦东社会发展局、教育局领导给予我很多发展机遇，从语文老师走向校长助理，走向常务副校长，走向校长，走向院长，走向教育局副局长，岗位的不断变化，带给我更多的责任，也带给我全新的教育视角，从微观走向中观，从中观走向宏观。一路走来，我发现自己更适合于学校的具体工作，更喜欢跟孩子们在一起，跟老师们在一起，一次偶然的机遇使我从上海南下深圳创办了深圳明德实验学校，老夫聊发少年狂，以52岁的"高龄"重新创业，艰难困苦，其乐融融。最开心的是认识了一堆有情有义有趣的新朋友，有真挚教育情怀的企业家陈一丹先生，与我共事的小伙伴们，深圳教育界的同道们，他们朝气蓬勃，风华正茂，意气风发，我们一起抒写教育的传奇，一起碰撞出教育的未来。

　　人是一种奇怪的生物，在漫长的日子里，总有一些日子会留存在心里；在漫长的岁月中，总有一些人物会印刻在脑海中。人的大脑经过选择性记忆，留存下来的一般就是那些打动你的人与曾经拨动你心弦的事情。岁月无情，人间有爱，爱学生，爱老师，爱朋友，爱事业，爱研究，爱写作，心中回荡的，常常就是你爱之深、责之切的东西，脑海中不断回放的，往往就是你魂牵梦绕的一幕幕场景。我拥有一支相对笨拙的笔头，但也有一双相对勤快的手脚，在忙忙碌碌的日子里，总是抽出时间记录一点有意义的事情，总是找点空闲描述那些好玩而有趣的人，总是心有所动地议论一些文字书稿。因为这些人在我的人生交往过程中有着颇为有趣的交集，因为这些事情在我的从教生涯中有着颇有意义的影响，因为这些文字书稿在我的阅读之中多多少少触动了我的思绪。

　　岁月给予我太多的经历，太多的挑战，太多的辛劳，太多的思考，太多的快乐，太多的回味……慢慢留下了许多交往的记忆，许多难以忘怀的情景，积累下来，于是沉淀为这样一本书，虽然并不全面，但毕竟是人生长河中的浪花朵朵……回想起来，我这大半生基本是在校园里度过的，剩下的日子也一定是在校园里度过，面对世界，我开心而骄傲地说：我在校园里走过一生。

　　是为序。

第一辑

师生达人

■ 我的导师于漪先生

"导师"这个词现在说得多了，似乎就显得不那么庄重了，但我这里要郑重其事地使用"导师"一词，因为若不如此，就不足以表达我对于漪先生的敬重。

"三会"于漪先生

1991年，在江西上饶任教时，我曾忐忑地给于老师写了一封求教信，信发出去后，想想有些贸然：于老师是全国著名的语文特级教师，还任校长，教学、管理工作繁重，我怎好打搅？但信已寄出，也只好随它去了。

不承想，没多久我就收到了于老师的回信。我激动不已，这封信至今还珍藏着，那些勉励之语仍历历在目。这是我与于老师的初次交往，虽然并未谋面。

我们第一次见面是在1995年夏天。在山东泰安举办的"全国青年语文教师联谊会"成立大会上，先生作为老一辈语文教育家的代表到会祝贺。先生受青年教师景仰，会前、会后被大家团团围住，合影留念、签名、讨教。我生性腼腆，不大敢主动与人攀谈，更何况是大名鼎鼎的人物。这一回，我与于老师擦肩而过。回来后好生后悔，说不出的遗憾。

1994 年 9 月，我从老区上饶调到国际化大都市上海，"乡下人"进大城市总有些"水土不服"，不太适应新学校的新生活、新人际关系。大概是 1995 年 9 月，先生不知怎么知道了，托人捎信请我到她家坐坐。我高兴，又因自己不善交谈而心生压力。恰逢先生在《语文学习》发表《弘扬人文，改革弊端》一文，我便以此出发准备了许多问题，以防自己到时过分紧张，无话尴尬。

先生和蔼可亲，精神矍铄。已经不记得开头说了什么，单记得没说几句，我的拘束就无影无踪了。我就语文教育的人文性向她请教，她不紧不慢耐心细致地回答，不时插两句"你看呢""你怎么想"，把我作为平等的谈话对象。

后来先生跟我谈起她走过的路：1951 年从复旦大学教育系毕业，先任中学历史教师，后改行当语文教师，半路出家，用尽心血，凭自己的刻苦钻研成为名师。她的名师称号是一堂课一堂课磨出来的，是几千堂公开课上出来的。

后来"文革"来了，她遭受冲击，备受折磨。"文革"结束，她重新走上语文教师岗位，从班主任到年级组长，从教研组长到学校校长，克服种种困难硬是把一个烂摊子发展成一所名校。听她娓娓动情地叙述，我悟出了先生的良苦用心：树立自信，勇敢地走出困境。

末了，我就语文教育人文性提出整理一篇《于漪答问》，她欣然同意，但执意把标题定为《关于语文教育人文性的对话》。"答问"与"对话"的区别，我当然知道，先生的长者风范令我感佩。后来浦东新区教育学院和建平中学都聘请先生做我的导师，我成了先生的弟子。这以后，凡是重要的语文教研活动，她都主动招呼我，并提供很多机会让我登台亮相。

一个语文教师的平凡和神圣

1996 年上海市教委出台决定，破格评选特级教师，每个区县上报一名候选人。浦东新区把机会给了建平中学，给了我。听课、评课、评论文、答辩，一路过来，我各项总分名列前茅，送到市级评审最后一关时，有人以年纪轻、1995 年刚破格评上高级教师、江西省老区调来的等诸多理由提出异议。

先生在会上力排异议，慷慨陈词："此次评选既然是破格，就不能考虑年纪轻，虽然程红兵刚评上高级教师，但之后他有专著出版。我们评的是教师中的优秀分子，不论他来自哪里，只要合乎条件，就应该评上。"评委们都被她打动了。

当我从其他渠道得知这些"内幕消息"后，惭愧不安："我与先生非亲非故，我有何德何能让先生如此出力提携？"

后来，于老师深情地告诉我："推你上去，绝不是为了你个人，而是为了事业的需要。我们已经老了，语文教育事业应该后继有人，新世纪需要你们这代人支撑。"

我的心里涌起一股热流：这是怎样的一种境界和胸怀！

1996 年 8 月，我成为当时上海市最年轻的特级教师，只有35 岁。

在先生身上，我领悟到了做一个语文教师的平凡和神圣。

我的第一本著作《语文教学的人文思考与实践》校样出来时，想请先生作序。其时她正住院卧床，我在病房看到她面容消瘦，顿时打消了念头。但她似乎看出了我的心思，笑着说："你把校样放在这，我抽空为你作序。"好半天我都说不出话。

几天后我就看到了先生的序言，题目叫作"看新竹展枝"。先生在序言中对我和语文教育界晚辈寄语：

"看到新竹展枝，生机勃发，喜悦之情充盈胸际，深切感到中学语文教育充满希望之光。"

"年青人尤其要学习，不仅读语文专业书，而且读国内外教育著作、心理学著作以及与语文有关的学科著作，腹笥充实，论述道理就板眼分明，减少主观臆断。"

"研究教材，更要研究学生，做到因文而异，因人而异，创造多姿多彩的方法，求得最佳的教学效果。"

这些诚挚而热情的话语，鞭策着我在前进的路上不敢懈怠。

此后，我常向于老师请教教育教学问题，讨教学校管理经验，先生总是不厌其烦地指导点拨。

那白色，仿佛出发的航船上鼓动扬起的帆

2013 年，我离开生活工作了 20 年的上海，南下创办

深圳明德实验学校。临行前我向先生辞别，先生赞赏我年过半百再创业的勇气，嘱咐我要花时间熟悉和研究小学、初中段的教学与管理，花时间研磨儿童心理。

意外的是，先生还特地为我准备了两件白色的短袖衬衫。她说："南方天气热，校长着装要正式一些，这个你用得着。"

9月1日开学典礼上，我穿着先生给我的白衬衫，迎来"明德"首批新生，也迎来自己教育生涯的新航程。那白色，仿佛出发的航船上鼓动扬起的帆。

而今，先生已80多岁高龄，但先生从不拒绝接受新思想，也从不空谈理论。

她的讲座报告依然精彩而有余韵，因为她始终倾听来自教育教学第一线的声音。

她的话语方式一直都是草根式的，带着青草的芳香，带着校园的露珠，自然而质朴，深情而动人。

她依然文思敏捷，著述不断，为我们作出了不断探索、不断耕耘的典范。

我很幸运，这20多年来，能够领教先生的学术经验、实践感悟和人生体会，能够享有作为学生的荣幸与荣耀，我唯有以此自勉——

秉承先生求真务实、兼容并蓄的治学风格，谦逊、宽容、和睦的为人准则，矢志不渝的理想追求，让真理、真情的光芒照耀自己、感召他人，努力成就教育的人生、智慧的人生！

（此文发表在《人民教育》2005-1）

由于漪老师引发的社会学想象

　　吉登斯曾以咖啡为例来解释米尔斯的"社会学的想象力"，他说，咖啡是一种对大脑有刺激作用的饮品，但它不只是一种提神的东西；人们喝一杯咖啡，事情却不是"喝"这个行为这么简单，而是身不由己地卷入到了某种关系之中，包括数千里外的人持续不断地种植、运作和交易。

　　说起上海教育，很多人会说起上海教育的名家、名师、名校长，说起上海的名师、名校长，人们都会不约而同地说起于漪。很多人都有相同的感受，改革开放30多年来，于漪和上海教育有着不可分割的关系，于漪和上海的教师、校长有着密不可分的关系，上海的教师校长大都听过于漪语重心长的报告，都很受感动，都获得一种启发，都有所收获。

　　于漪1929年出生，今年已经是84岁高龄的老人，但仍然在忙碌着。于老师现在在忙什么？她在操心着上海的基础教育、师德教育、名师培养、农村教师培训、课程改革、语文教学、两纲教育等等，从宏观到微观，从决策咨询到教材审定，从师德修养报告到课堂观课评课。

我们想象一下：她不忙行吗？好像是不行的，她在这些方面的工作都是不可替代的。她所做工作的成效都是旁人一时无法达到的，因此她不可替代。自然我们要产生疑问，为什么别人达不到她的工作标准，为什么师训工作进行了这么多年，花了许多人力、物力、财力，于漪这样的教育大家总是没有新人出现？这样的问题一时不好回答，我们还是把目光聚焦在于漪老师本人身上。

为什么是她而不是别人？因为她已经成了一个可信度极高的品牌了，于漪老师有其独特的思想，有其独特的话语方式。借用冯友兰的话来说，哲学史家要照着说，柏拉图怎么说，我就怎么说；而哲学家要接着说，接着柏拉图的话往下说。很多教授、专家就是这样停留在照着说、接着说，而于漪是自己说，说自己的话。于漪面对学生、面对青年教师总是作有为推断，相信他们一定会有所作为；面对教育复杂的问题总是作有解推断，而且总是身体力行地参与解决一个又一个纷繁复杂的问题；而面对自己总是作有过推断，大家都记得她说的一辈子学做教师，其实她还说了一句话：我上了一辈子语文课，上了一辈子令人遗憾的语文课。这就是她的胸怀。

于漪是来自一线的，带着教育田野的泥土味道，带着青草的芳香，不断地吸收阳光雨露，始终扎根在教育的沃土中，于是形成了她独特的思想，独特的话语风格：创新但从不偏激，公允但从不守旧；切合实际，适度超前。

这样的解读还是不够的，每个人的思想形成都有其特定的历史轨迹。谁使于老师成为名师？什么使于老师成为永远的名师？于漪第一次留名，是在什么时间，当时是什么背景，她上的什么课，她是怎么设计的，因为什么使人关注，为什么被人认可？于漪第二次扬名，是在什么时间，当时是什么背景，于漪做的什么事使人关注，又是因为什么被人认可，她当时又是怎么想的？于漪第三次成名，是在什么时间，当时是什么背景，于老师的什么言论使人关注，她的什么思想被人充分认可？还有第 n 次……

为什么会持续不断地使人关注、被人肯定？客观原因是什么？主观原因当然是于漪的自主建构。写一篇文章很容易，发表一篇文章不难，出版一本专著也不难，难的是人 80 岁了仍然能够不停地写作，不停地发表文章，不停地出版专著，这是为什么？上一堂好课也不难，难的是一直不断地上好课，上出几千堂好课。

为什么不少老师成名很早却流星般陨落？我们谁都知道事业需要教师持续不断发展，为什么于漪能够持续发展而一般老师却难以做到？于漪的第一推动力是什么？谁给她不断加油？我们可以说是社会、自我、学校、学生、老师不断给她加油，这固然正确，但不免过于笼统、宽泛。

于漪是培训出来的吗？如果是培训出来的，为什么我们的各种各样的培训方式培训不出来？现代优秀校长、杰出教师不是培训出来的，但是现代校长、教师需要培训；现代优秀校长、杰出教师需要优质适合的培训，但是不需要过度的培训。现代校长、教师的成长、成熟需要外部条件的创设，更需要内在自主建构。

所谓的自主建构，就是总有一份责任驱使自己不断向上，总有一份良知驱使自己不断努力，总有一份情怀驱使自己永不言弃。

　　由于漪，我们还可以产生多少有益的想象？

　　　　　　　　　　（此文发表在《上海教育》2013-7A）

当一首班歌唱了30年

——我眼中的李镇西

　　我跟李镇西老师的交往有20多年了。我第一次走近他是读他的《爱心与教育》。能够让我这个年龄段的人一口气不分白天黑夜地去读、直到读完为止的书，可能已经不多了，《爱心与教育》就是这样一本书。后来我曾经到过李老师所在的学校，也听评过李老师的课。我也请李老师到我过去所在的建平中学讲过课，这也是我第一次连续五个多小时听李老师的报告。虽然对他已经非常熟悉，但我仍然感到自己内心被一次次地震撼。

　　一首班歌唱了30年，我相信还会唱40年、50年乃至一百年。什么是教育？教育是干什么的？我的理解是，教育就是给孩子们创造精神家园。一个人这一辈子的精神大厦高高矗立在自己的心中且永远不会抹去，这就是精神家园。而李老师的表达更令人心动："教育就是让孩子们留下非常美好的记忆""教育就是唤醒孩子们一幕幕美好的记忆"。

　　李老师就像是我们生活中经常见到的、貌不惊人的一个普通老师，他做的事情我们有些老师或许也曾做过；然而不普通的是他一直坚持他的教育理想，一直坚持不懈地履行他对教育的承诺，几十年如一日，这就难能可贵了。支撑他如此作为的就是他对教育的判断，就是他对教师职业的一种朴素的理解。他热爱教育，是因为他从骨子里热爱学生；他爱学生，超越了一切荣誉、一切奖励等外在的东西。在他看来，和孩子们在一起是最美好的事情，陪伴孩子们成长就像倾听花开的声音。朴素最美，幸福至上。

李老师认为教育是一种依恋，是孩子对教师的依恋，也是教师对孩子的依恋；他说教育是一种理解，理解他人成长的生活。他对教育的这些看法，很多话语都锤在我心里，烙印在我的心头。他还说，幸福比优秀更重要。他的观点与我的看法有很多相似之处。我曾经写过一篇文章《南辕北辙——教育家渐行渐远》。教育是内在的，比如：你是不是真心喜欢教育？你真心热爱你的孩子吗？这些真正发自内心的东西才是有意义的。假如你不是真心热爱，而是热衷于所谓的名头、称号、职称，以及所谓的表扬与批评等，那么你跟教育的真谛无缘。比如：李老师为了带孩子们出去旅游，哪怕校长挡在门前，他也会努力争取，因为孩子的欢喜是最大的欢喜。

我也是教了30多年书的人，在我看来，一个老师能把原来不同届别的学生叫出名字不算稀奇，但李老师居然能把所有孩子的生日都逐一点出，这是十分罕见的。他几乎把每一个学生的生日都记在脑海中，因为他把每一个学生都当成宝，每一个孩子都是他心中的宝贝！这真的令人感动，只有真诚才会令人如此感动。李老师把和学生交往的每一件事情都当成经典来品味。他真诚地对待学生、对待教育，他考虑的绝不仅仅是现在和当下。哪怕学生们已经毕业了，哪怕已经过了十几年乃至几十年，他还在惦记着他们。他把和孩子们交往的每一个细节都当成作品来对待，而每一件作品都融入了李老师的心血。在他的话中，有一个出现比例很高的词——"好玩"，这是多有趣的一个词。在李老师在和孩子们交往的过程中，他不是一本正经地做圣贤状，给孩子们讲一些大道理，而是在玩的过程中和孩子们融入在一起，潜移默化地影响他们。

从思维方式而言，李老师也有其特殊之处。我非常清晰地感受到，李老师能够出神入化地利用"时间"这一资源。一方面，他很善于把昨天的事情变成今天的教育资源，比如：他所呈现的孩子们过去的照片和很多细节，对今天的孩子乃至他们成人以后还是一种教育资源。另一方面，他会把明天的时间、把未来拿到今天使用，比如：他的班级就叫"未来班"；在武侯实验中学 10 周年校庆时，李老师把承载着孩子们和老师们的憧憬和希望的物品埋藏在地下，希望一百年以后再打开。有时候，我们要突出一件事情的教育效果，让孩子们产生终生难忘的印象，可能这件事昨天和今天看上去不怎么样，但是将它放在历史的长河中，它一定就会"怎么样"！比如：李老师设立班级史册，就是希望让瞬间成为永恒，教会孩子们正确对待人生。采用这样一种教育方式，可以让孩子们和教师们的心脏一起跳动，头脑一起思考从而使师生在生活中一起成长。

看一个人要看他的文字，看一个老师要听他几堂课，听听他讲故事，和他的心灵接触。听他的思维，听他的心声，听他的脉动，我们可以把他经历过的许许多多有趣的故事串在一起，然后再联想到我们的生活，从而产生许多感悟。

（此文发表在《中小学管理》2015-7，发表时题目改为"我所认识的李镇西"，原文有删改。）

■ 春天的追忆

——关于宁冠群老师的回想

今年的春天注定是寒冷的，一阵一阵的冷空气自北向南侵袭着大地，侵袭着人们。3月7日下午，上海浦东教育发展研究院语文教研员聂剑平发来微信："程老师，今天凌晨宁老师走了。元月份去看他，还说好春暖花开的时候相约去踏春，想不到他突然就走了。"简直不敢相信，我立刻发去微信："太突然了！什么病？"聂剑平回复："癌症，是肝胆管瘤。"我说："噢！天哪！"可恶的概念，可怕的病症，迫使我相信这是一个不可挽回的事实！聂剑平继续发来微信："去年他还乐观地说准备身体好一点就去深圳的，结果病情一直在加重，元旦的时候已经扩散了。特别遗憾，宁老师深厚的古诗词学养没有被传承下来。先前我极力鼓励宁老师开发出相关的课程，可惜一直没有落实。唉，如今只能一声长叹。"聂剑平所说的我完全知道，甚至比他知道的多得多，但此时此刻，我竟说不出来，只回复了一句："一声叹息，令人悲痛。"之后又补充了一句："你是否出席追悼活动，如果去，代我致意……谢谢。"

晚上 19:48 分，我的上海手机号收到了一则来自宁冠群的短信。我当时一阵惊喜：下午的消息是不是搞错了？抑或是宁老师被抢救过来了？打开一看，短信说："程叔叔，我父亲于今日凌晨三点四十三分过世。"彻底粉碎了我侥幸的希望！此时此刻，我无力充分表达我的心情，只是简短地回复道："非常震惊！非常哀痛！你父亲是个好人，失去他万分悲伤！节哀顺变。照顾好你的母亲。"

3 月 11 日下午，上海市建平中学的唐忠义老师发来微信："程校长好，刚刚与毛老师等随学校工会参加完宁老师的追悼会，现场气氛庄严肃穆，来者甚众，哀思绵绵，深怀感念！昔日课题组的根林、广录、老聂、老余等先后多次分头去家中或医院看望宁老师，并到宁府吊唁。知您为此殷切垂问，特此回告，勿念！"我回复："谢谢忠义，愿冠群兄安息！"大学同学群里的同学纷纷发出悼念宁冠群的微信，弥漫着沉痛的心情和相互慰藉的表述。随着同学们的悼念，慢慢地把我带入了回忆中。

我和冠群是大学同班同学，印象中他是 1951 年出生的老三届初中毕业生，圆圆的脸，圆圆的身材，永远处于精神旺盛的状态。我们同住在一幢宿舍楼，我和冠群住门对门，大多时间里总是看到他伏在小小的课桌上读书写字或和人聊天，样子谦和，说话语速相对慢一些，很有节奏感。我比他整整小了十岁。记得和他在一起时，从没有见他居高临下教训过我及与我年龄相仿的小同学们，他总是很温和地与我们说话。当时他因为有些微胖，显得圆圆的，真的有点菩萨的味道，和蔼可亲，与世无争。让我和全班同学都极其佩服的，是他的考试成绩。每次考试，他的成绩总是优秀，没有例外。他以不败的成绩征服了全班所有同学，这一骄人成绩的背后是他的学养。腹有诗书气自华，这不仅表现在他的考试成绩中，更表现在他的为人处世中。

1982 年大学毕业，在那个大学生极为缺乏的年代，几乎各个部门、各个单位都急需中文系的专业人才，我们班的同学只要稍加努力，就能很轻松地进入当时人们艳羡的单位，或进大学任教，或进各级政府机关当官员，或到报社、出版社、电台、电视台当编辑记者，做"无冕之王"……只有少数人到了中学去当教师。按照当时社会的评判标准，可以说进中学当教师是分配最差的，冠群就是其中一个，而且是直接被分到南城一中当教师。那可是一所县城学校，而他可是全科优秀获得者，无法知道是什么原因……只记得，当时我被分配到上饶市一中任教，颇有几分落寞，甚至有点儿愤愤不平！

毕业就是分别，他在南城，我在上饶，天各一方，较长的一段时间，彼此杳无音信，但因我们都是中学语文教师，身上有一种向上发展的动力，在岗位上尽心尽力，再次相遇是迟早的事。我因为获得江西省高中语文优质课大赛一等奖，在一些语文刊物上发表了若干比较尖锐的文章，引起了同行的注意；冠群是因为创立了一种语文教学模式"六环节四步迁移单元教学法"而崭露头角，当时就被列为全国有影响的九大教学模式之一。江西省中语会开会，我们有了短暂的相聚，彼此惺惺相惜，他的论文获得了江西省的一等奖，我的论文也获得了二等奖……

　　1994年我工作调动，离开江西到上海市建平中学任教，1996年出版了我的第一部个人专著《语文教学的人文思考与实践》。由于年轻，没有什么知名度，出版社要求我包销3000册书，于是我就发动相关朋友帮忙。记得冠群接到我的订单不久就汇来款项，购买了几十本书，当时让我很是感动，再三表示感谢，他却十分真诚地回复说："你的著作对语文教师很有启发，我们还组织教师认真学习并专门讨论了你的书。"其时他已经调任南城教育局担任副局长兼教研室主任，他的改革依然在继续，广受好评，在江西省产生了很大影响，在全国颇有一定的知名度。

　　大约是在1997年，我接到了冠群的电话，他向我介绍了他的教改工作，同时也告诉我江西省教委要调他到江西省教研室工作，并担任副主任，这对他的发展极为有利。他征求我的意见，并且告诉我，他有三个孩子，很想给他们创造一个更好的工作发展平台，想到上海来。这的确是个艰难的选择，不过以他为人处世的风格，一定会为了孩子，把自己先放在一边。其时我所在学校的副校长调任刚刚创建才一年的上海市进才中学担任副校长，我热情地向他推荐：宁冠群是一个学养很深、语文教育很有造诣的优秀教师，并一一拿出论据。校长动心了，按照程序进行考核，接下来就是试讲、答辩，冠群毫无问题，一路绿灯，他的功底、学养摆在那里，如愿以偿地调任进才中学担任语文教师。

　　我在建平中学，冠群在进才中学，两校同属浦东新区的市重点中学，相距很近，我们见面的机会和次数多了。

有同学来访，一定把冠群叫上；同学生病，一定和冠群一起去探望。常常听到冠群在进才中学的好消息，他的课十分受孩子们喜欢，课改屡次受到校长的表扬。后来听说他生病住院了，我赶紧赶到黄浦区的仁济医院探望他。刚刚做了手术的他，整个人都瘦了下来，不再是圆圆的脸、圆圆的身材，下巴尖了，变"苗条了"，看得让人心疼。出院之后，他依然热心于语文教育改革，担任了进才中学的语文教科室主任。命运总是在捉弄好人，好像没过两年，再次听说他住院做手术。可怜的冠群，连挨两刀，我去探望他时，人更加消瘦，但一如过去那样温和地说话，气力却明显不如以前，脸色也灰暗了不少。

2003 年，我担任建平中学校长，不久进才中学也换了校长。大约是在 2006 年，冠群找到我，希望调到建平中学任教，我当然是答应的。鉴于他的身体状况，我安排他担任图书馆馆长，兼任一个班的语文课，不进高三，只上高一、高二的课。他会经常和我聊起他的语文教学，对学校管理工作也十分诚恳地提出他所看到的问题和合理化建议。

让我无比高兴的是，他的语文课几乎征服了听过他的课的每个学生，尤其喜欢他上的古诗、古文课。他，古文功底深厚，满腹经纶，咬文嚼字地背诵古文，拿腔拿调、摇头晃脑地吟唱古诗，乐于教孩子们写对联……人们常说：教师有魅力，课才有有魅力。冠群的语文课，是非常纯粹的语文课，带着中国传统文化的深厚底蕴，带着他对语文教学的深刻理解……

那一年申报特级教师，我坚决支持他申报，从学校到浦东新区，从区学科组到区总评，一路表现很好，但到市里最后一关答辩时有些紧张，没有将最好的状态呈现出来。很可惜，冠群与特级教师擦肩而过，但在我的心里，他早已是特级教师，因为他的学养、语文教学研究、讲课都超过了特级教师的水平。

2010年8月，我调任浦东教育发展研究院担任院长，离开了建平中学，但我们彼此还有联络。我和胡根林、宁冠群等申报了一个区级项目"高中语文质量目标"，经常开会研究项目，一起切磋讨论。项目进展非常顺利，获得了优秀等第……没有多久，大概是2011年12月冠群年满60，顺利办理了退休手续。

2013年，我提前退休，应聘到深圳明德实验学校担任校长，最先组团从上海来看我的就是这个课题组的老师们，冠群也很想来看看，因为身体状况不是很好，终于没有来成，彼此都很遗憾。

这两年春节，我和冠群都有短信问候，我也多次邀请他在方便时来深圳转转，每次他都愉快地答应了，但始终没有来成。这期间，我也陆续听到关于冠群身体状况的消息，听到的总是他身体不太好的消息，甚为牵挂，但也无可奈何。

2016年9月24日，我忽然收到冠群的邮件：

红兵好！很久不见了，想念殷殷！你一向有志有为，必定很忙吧？

去年曾打算今年春天去一趟深圳，去看看老同学和你的学校。谁知今年3月底体检查出肝胆肿瘤疾病，于是接下来便忙于各种检查、诊断和治疗，折磨中健康状况江河日下。在医院住了一个多月，5月做了粒子植入手术治疗后，转入到家里调养，目前病情初步得到控制，前途仍渺茫不测。

回首生平，得到你这位老同学关照和帮助最多，可惜对你辜负太多，每每愧疚莫名，实在抱歉！

病中兴味索然，除了读读闲书，别无留恋。偶尔翻到去年写过一篇短文《辨体论教　走出误区——关于〈说数〉教学价值定位的思考》，觉得对当下执教《说数》这篇课文的老师们可能会有点帮助（上海和广州高中教材都选了这篇文章，我曾应邀在广州二中上过这篇课文），可我现在几乎和语文杂志社没有联系了。于是想发给你先审阅一下，如果你觉得还有点价值，请推荐给上海《语文学习》或其他刊物试试，看能否发一发，算我对语文教学的最后一点贡献了。如无甚可取之处，则不必麻烦，算了。

聂建平老师来医院看我，鼓励我说："等你好了，我们一起去深圳看程老师！"但愿真有康复之日，一定来看望你！

祝老同学奋发有为，健康快活！

收到请短信回复。

宁冠群

当时是双休日，我在外地讲课，赶紧用手机给他回复："冠群兄：保重，保重！我一定将你此文传到位。红兵。"

其实心里焦虑不已，9月26日一早到学校之后，我赶紧给《语文学习》主编何勇发去邮件："何主编：早上好！宁冠群是我的大学同学，也是一位非常优秀的语文教师，也是我的建平中学同事。最近收到他的一份邮件，非常感动，也非常伤感，自己大病在身，仍然情系语文教学，这篇文章我转发给你，看看《语文学习》是否能用？谢谢！程红兵。"后来何勇主编回复我："程老师好！久未问候，心有挂念。宁冠群老师的文章挺好，拟在近期发表。希望宁老师尽早康复。祝好！何勇。"

今日再读冠群邮件，禁不住泪眼模糊，这封信就是冠群的最后一封邮件，其情真切，其心忧伤，读来何其伤感，何其悲痛！当时还能对话，此时已阴阳两绝，再不能对谈语文，再不能相聚一堂，再不能听到他温和的卷舌音，再不能看到他沉浸在古诗文教学的身影，天不假年，哀之，痛之！我诚心诚意地希望，但愿有天国，天国里有学校，冠群兄一定会以他渊博的学识继续给孩子们上课……

在阴冷的春天里，沉痛悼念冠群学兄！

（此文发表在《中国教师》2017-6下）

■ 永远的语文老师

——沉痛悼念陈钟樑老师

2011 年 1 月 5 日星期三傍晚 6:08 分，我正开着车往家里赶，手机响了，接听电话，对方说道："我是陈钟樑的儿子。"一听这话，我心里一紧，因为陈钟樑的儿子从来不会给我打电话，语气含有悲伤。我本能地问了一句："怎么啦？"他说："我爸爸今天上午走了……"

我一下子觉得天昏地暗，心沉下去，好久缓不过气来。

我和陈钟樑老师交往的一幕幕情景立刻浮现在眼前。

1991 年我在《语文学习》杂志上发表了一篇和魏书生老师商榷的文章，当时我的确年轻，许多人认为我不知天高地厚，讽刺挖苦者有之，背地里非议者有之，自己觉得颇为孤独。没有多久，陈钟樑老师在《语文学习》上发表文章《喜读〈语文学习〉争鸣篇》，对我那篇文章给予充分肯定，陈老师站得比我高，分析透彻，一语中的。那时候，陈老师已经是全国非常著名的语文教师，他与我素不相识，却无形中给予我精神的慰藉和支持。从这个意义上说，他就是我的老师。这以后，我比较关注陈老师的文章，觉得他的文章总是站在时代的前列，立意新而且温和，容易为人接受，给人以思想的启迪，却没有教训人的味道。

1994年我调进上海建平中学，也时常参加一些语文活动。我不善言辞，尤其是生人比较多的时候，常常无话，但每每陈老师在的时候，我都愿意倾听他的话语。陈老师善于表达，人很聪明，有他在场，绝对不会冷场的，听他谈论语文界的人和事，听他谈论语文教学改革，听他谈如何上好语文课，实在是非常钦佩。他那时已经是语文特级教师，又担任上海市教研室副主任，但从来没有盛气凌人的样子，和蔼地说话，慢慢地谈事，不知不觉你就会觉得他很好接近。

后来他真的做了我的老师，那是1995年的时候，我被上海教育学院中文系破格吸收为上海市市级语文骨干教师培训班学员，陈老师开始给我们上课。他的课很有思想，也很幽默，一如他平常的谈话，语速缓缓的，从不念讲稿，估计他给人上课也从来不写讲稿，就是一本随身带的普通得不能再普通的小笔记本，讲到哪里，需要的时候就翻翻它，里面记录了许多有趣的事例。他身上很有些幽默的细胞，一件很普通的事情，他能讲得大家哈哈大笑，而他自己仍然是那样，淡淡的，不慷慨，更不激昂。我把陈老师的这种幽默定义为"陈氏轻幽默"，语文界的不少同仁非常认同。

陈老师的穿着也很有意思，不太穿一本正经的西服，喜欢休闲的服装，常常穿一种身上有许多口袋的衣服，一副很年轻、很新潮的样子。我们有时也和他开玩笑，他常常认真地说这是记者服，一边说一边把衣服展示给我们看，很认真地介绍这个口袋的功能，那个口袋的作用，随即就能够摸出足以证明它的作用的物件来，袖子可以摘下，变成短袖，当然也可以套上，变成长袖，边说边做给我们看。他其实是一个很有生活情趣的人，语文界的人经常喜欢说：文如其人。而我想说：衣如其人。他的着装就表现出他的个性：充满生活的情趣，有着年轻的心态，乐观地看待人生，执着地从事着他所热爱的语文事业。有人总结陈老师的特点，说是"三慢一快"：吃饭慢，走路慢，说话慢，思维快。这是我非常认同的，因为我所见到的陈老师就是这样的。我还听说（只是听说，没有证实）他很会生活，平常特别注意饮食，一顿早餐就非常讲究，牛奶一杯（间隔若干时间改换豆浆，再间隔多少时间改为稀饭），鸡蛋一个，面包几片，西红柿几个，等等，把吃饭当成一件艺术来享受，我当时想陈老师一定是长寿的，而且默默祝福陈老师健康长寿。

陈老师退休之后，应建平中学时任校长冯恩洪之邀，担任上海市东方教育中心常务副主任。这个机构就设在建平中学，于是我们见面的机会就多了，他不时地会给我们全体教师作个报告。他的报告很有人气，依然是鲜明而深刻的思想，但永远是用生动的事例加幽默的语言来阐述，用一种老师们能够接受而且乐于接受的方式来作报告。他的这种风格，是我暗暗学习的榜样，我从一个不太善于言辞的人，成长为常作报告的人，多多少少受了一点陈老师方法的影响，当然由于天资驽钝，我永远达不到陈老师那种炉火纯青的境界。陈老师也常来建平中学听课、评课，他的评课很有新意，一堂很普通的课按照他的建议改造，就立刻变为很有创意的好课，所以陈老师在建平中学语文组是很有人缘的，很多老师都得益于陈老师的帮助、提携。那几年，我们建平中学语文组，只要是有老师要上公开课、竞赛课，试教之时常常就要请他来指点，经他点拨的课，肯定就会得到很高的评价，有的课还获得了上海市教师教学大奖赛一等奖、全国一等奖。套用一句俗话来说：陈老师真的是青年教师的良师益友。

一次和陈老师一起到某地讲学，途中我们说起语文，说起语文教育界的种种事情，我们痛感当下一些人为了一些个人名利争来斗去，很没有意思，不去做一些实实在在帮助一线教师的事情。当时陈老师提议：由你来牵头组织一个语文教师组织，这个组织没有名利，不设一个理事长，不收一分钱，办一些切切实实帮助语文教师的事情。他还说：你不要担任这个组织的任何一个"职务"，那么别人就不会争什么职务，你不要一分钱报酬，别人也就不会要一分钱报酬。我听了他的话，2003年和浙江、江苏、安徽、上海的同道好友一起组织了一个没有名利的组织，这个组织的名字还是陈老师取的——新语文圆桌论坛，直到今天我们已经坚持了八九年，组织活动13次，而且一直坚持不拿报酬，不设"职务"，有些老师开玩笑地叫我"坛主"，我十分严肃地拒绝了。

后来我担任建平中学的校长，他仍然十分关注建平的课程改革，关注我个人的成长。记得他曾两次给我写来长信，在我感到困惑的时候给我指导，在我遭遇挫折、不顺利的时候给我精神的鼓励，最后一封信是去年暑假写给我的，洋洋洒洒有四页信纸，充满了关怀，充满了真诚。信写给我了，还给我打来电话，长时间地跟我交流，我内心真的很感动，我嘴拙，说不出感激的话，但我内心是有数的，他是在热心地帮我，为了我，也是为了语文教育事业。

一两个月之前，我还听某个地区的教育行政官员说起陈老师，他在为他们当地的老师开讲座，他在作报告，他在指导教师上课，他还亲自操刀为老师上示范课，他的课贯彻了新课程理念，朴实无华，充满睿智……听到这些话语，我真的为陈老师感到高兴，一个 70 多岁的老人，仍然不知疲倦地为语文教育事业奔波，而且得到了那么多教师的信任和喜爱。我当时以为陈老师一定还能为语文教育工作好多年，谁知今天他就离我们而去了，痛哉，痛哉！

写着写着，陈老师穿着记者服的形象就呈现在我的眼前，那么熟悉，那么安详，那么亲切！陈老师，你是永远的语文教师！

谨以此文悼念陈钟樑老师！

（此文发表在《中学语文教学》2011-2）

■ 印象张广录

离开上海算是一个学期了，但其实骨子里我并没有离开。在深圳的几次讲话，他们说我像极了上海人，举手投足，说话的腔调，就是一个上海人的模样——这是深圳人对我的评价。其实上海的朋友并不这么认为，我也并不这么认为。我是安徽人，却出生于厦门，12岁我从厦门到了江西上饶，22年的江西生活之后又到了上海，又是一个20年重回南国。上海是我人生的一个重要驿站，从33岁到52岁，可以说最辉煌的年龄段在上海度过，留恋这个城市，其实主要是留恋这个城市的文化，这个城市的人。

张广录就是我这一生重要的朋友，仿照"印象丽江""印象西湖"这样的标题，我觉得应该写一篇"印象张广录"。

认识广录并不是在上海，而是在山西。大概是2003年山西教育音像出版社编辑原晓春要给我拍摄一组教学录像，我的作文教学据说有点特色，于是我就赶到太原电教馆拍摄一组《创新思维与作文》教学录像，在现场我认识了张广录老师。原老师告诉我："张老师是山西非常优秀的语文教师，曾经获得山西省金钥匙奖，因为你来上课，所以推荐他来听课。"张老师虽说是山西人，但身材并不伟岸；虽然只有 30 多岁，但并不显得年轻，却有一种超乎年龄的深邃；他很少爽朗地大笑，更多地呈现出一种眉头紧锁的思索状。在拍摄间隙，我和现场唯一的同行张广录老师，自然地聊起语文教学，听他谈自己的见解和做法，其时他正在读语文教学论专业的硕士研究生，他很客气地把他的论文初稿给我看，请我指正，实话实说，我给出了一些现场意见，张老师并不完全接受，他更愿意与我对话，而不是接受一个所谓的名师居高临下却十分空泛的指导。当时我就得出一个很深的印象：这个人并非等闲之辈！拍摄的过程中，张老师也自然而然地客串起组织学生的角色，帮助学生尽快融入课堂之中，最后他还承担起点评的任务，点评我的作文教学，说得头头是道，像模像样。期间的几次交流之后，彼此都很开心，分别前，张老师向我表达了希望到上海的愿望，而且非常明确地指向：到上海市建平中学！这其实也是我所希望的。

没有费多少周折，我们成了同事。我在建平中学领导课程改革，广录老师就是语文课程改革的一员大将。自 1988 年以来我在语文教学界就扮演着批判者的角色，很喜欢思考语文教学过程中的问题，并提出自己所谓的独得之见，当然多半是一孔之见，而且常常是缺少学理上的分析，更多的是源自教学实践的感悟，激情洋溢，慷慨激昂，虽说算不上愤青，但也似乎距离不远。当意识到这个问题的时候，我决计要做点自己的建设，我在自己任教的班级做了很有意思的尝试之后，自认为颇为成功。2003 年就准备在建平做课程改革，其中最先开始的领域就是语文，广录老师就是建平语文课改的先锋之一。讨论方案，他常常有自己的见解；设计教材，他常常是独当一面；编写教材，他总是一马当先。建平中学能重构自己的语文课程，张广录老师功不可没！

　　在此之后，浦东新区率先实行了学科教师培养基地的活动形式，我受聘担任程红兵语文教师培养基地的主持人，我则聘任广录作为基地的秘书，这一做就是 10 年，先后担任四期区级基地秘书。以后上海市也实行了学科名师培养基地，我也是首批被聘为基地主持人，广录也当然地被我聘为基地秘书，这一做也是八年，先后担任三期上海市语文名师基地的秘书。第三期市名师基地开始时，广录自己也报名成为了一名学员，这一期基地学员都把广录称作大师兄，不仅是因为他的年龄在基地学员中相对较大，更主要的是因为他的学养深厚。我是基地主持人，基地活动的价值思想、核心要点、发展方向由我确定，而两个基地的活动都是广录老师具体策划和实施的，大大小小的许多事情他都要操心，每一次活动他总是身先士卒。讨论课改，广录常常语出惊人，思想锐利，批判锋芒毕露；评价课堂，广录单刀直入，毫不犹豫，直接挑出问题所在。他和我的思维风格非常接近，而且常常走在我的前面，大量的阅读，勤奋的思考，深厚的积淀，使他的每一次发言都有震动效果。我们基地之所以能形成一种积极言说、锐意批判、直言不讳的团队风格，与广录的努力是绝对分不开的。

我始终认为广录是一个非常单纯的读书人，在人与人交往的过程中，他是没有心计的，也是几乎不设防的，他没有人们常有的避讳心态，没有世俗的面子私情。私下交流，他从不议论别人的短长；公共场合，他从不隐晦自己的观点。即使在所谓大庭广众之下，他也会毫不客气地大胆批判，甚至于面对权威人士。记得有一次大型的语文教研活动，原本没有安排广录的发言，他只是作为一个参会者，在听了一批人的发言之后，他立刻主动要求上台，毫不客气地痛批了之前一干人的观点，旗帜鲜明地亮出了自己的思想，引得满堂喝彩，但也着着实实地给举办者和之前发言的人一记"闷棍"，但广录浑然不觉，他就是这么一个单纯到可爱的人，只有思想，没有人情世故！

广录其实是一个表里如一的人，在学术上他总是孜孜以求不倦探索。他本科学的是历史，硕士读的是语文教学论，教过历史，再来教语文，使他看语文总有一种自觉或不自觉的历史眼光，他不局限于今天语文的时尚理论，而是阅读了中国语文现代教育史上名家的著作，细细咀嚼民国时期一些语文大家的教育思想，批判性地加以消化吸收，对照今天的语文教学现状，形成自己的独特思考。华东师范大学中文系聘请他给本科生上课，一个学期上下来，学生们对他的课、对他的学识修养佩服得五体投地，时时报以热烈的掌声。他的课就是这样，十分鲜明地带有自己的个性色彩。我曾经推荐他参加全国语文教师赛课，他先后两次获得全国一等奖，而且引得专家和与会者强烈的反响；我曾经推荐他参加全国性的语文教学论坛，他的每一次发言都赢得了十分的赞赏。

2010 年 8 月我离开建平中学调任浦东教育发展研究院，一年后广录紧随我来到浦东教育发展研究院，负责文科教师的教育培训，这对广录而言如鱼得水，驾轻就熟，他为全区的语文教师开设了好几门课程。他不但懂理论，而且会上示范课；他不但善于研究，而且很会评课。他赢得了许多教师的充分肯定。

上海市高中语文教研员、著名特级教师步根海上示范课，请广录为他现场评课；上海师范大学李海林教授的市级重点课题请广录为之总结；全国著名语文教育学教授王荣生请广录帮他培训教师；全国许多地方都邀请广录上示范课、作专题报告，今天的广录已经毫无异议地成为一个在全国语文界有一定影响力的语文名师。

限于时间和篇幅，今天只能写"印象张广录"，假以时日，认真整理，还可以把广录的很多有趣而且有味道的故事叙述出来，那其实也是挺好玩的。

（此文发表在《教师月刊》2014-3）

■ 我理想的教师是自由的教师

　　教育事业是人的教育事业，是为人的发展服务的，也是靠人——主要是教师来实现目标的。今天的教育还存在诸多问题，所以我们寄希望于理想的教师。每个热爱教育的人，心中都有一个理想教师的模样：也许朦胧，有一个影子；也许清晰，有一个鲜明的形象。我心中的理想教师，就是可以称之为"自由教师"的人。

　　自由是这些教师身上的本质属性。我所说的自由，就是不受社会的各种诱惑影响，不受各种功利的目的左右，他们因为热爱教育本身，热爱学科教学本身，喜欢跟孩子们在一起，喜欢按照教育教学的基本规律，按照孩子们自身成长的规律，尽自己所能，帮助孩子们学习知识、掌握技能、热爱学习。他们喜欢静静地看着孩子们慢慢成长，成长为一个好人、一个有益于社会的人。除此之外，别无想法，更无其他追求。为了这样单纯的目的，他们几乎把自己的一切投入其中，几乎所有的时间、精力以及可支配的财力、物力倾情付出。他们享受这个过程，喜欢看着孩子们开心的样子，喜欢看着同行们开心的样子，自己因此而开心。这是一种由衷的精神快乐。

我所说的自由，就是在教育的田野里，他们超越了许多羁绊、许多诱惑、许多束缚、许多误导，尽享教育本身的乐趣。这种趣味是一种文化能力和审美品质，它诉诸判断和决定，它对世界的兴趣是"超越功利的"，它凝聚为有教养的个人的精神气质。他们的心是安静的、目光是向内的、目标是单纯的，他们知道要做好教师的工作就得最大限度发掘自己的潜能，保持对教育的虔诚。

也许有人认为，我所说的自由教师根本不存在，只是我的一厢情愿，只是教育的乌托邦。恰恰相反，理想的自由教师在今天的土壤里确实存在。从教 30 年，我走过成百上千所学校，见过成千上万个教师，发现了如星星闪烁一般自由美丽的教师。我曾不止一次说过，不止在一个地方说过，教育的希望在民间。我这里所说的"民间"是指一线的教师，是天天和孩子们在一起的教师，是伴随着孩子们逐渐长大的教师，因为民间有一批自由的教师存在。

远的不说，就说上海浦东的教师吧！我曾向《上海教育》《人物》栏目推荐了建平中学的阴卫东老师、祝桥中学的戴传伟老师，我曾撰文介绍三林北校并发表在《教育发展研究》的扉页上，还撰文介绍上海实验东校并发表在《中国教育报》上。这些被报道的，都是让我眼前一亮的学校，都是让我为之感佩的教师。

上海市建平中学阴卫东老师所表现出来的价值取向，是让我感佩的理由。在他身上洋溢着一种自由情怀，他对于信息技术这门学科的由衷热爱，对学科教学的由衷热爱。

他的兴趣点在于把孩子们领进科学的大门，让孩子们学会研究，让孩子们享受发现的快乐、体验研究的成功、感受科学的魅力。这就是他最大的快乐，这就是他的兴奋点，就是他的幸福之处。除此之外，他一概没有兴趣：他对家教没有兴趣，从来没有带过一个家教；他对那些课题研究没有兴趣，没有申报过一个课题；他对撰写论文没有兴趣，除被逼无奈写过一篇文章发表之外，再没有文章发表；他对出版专著没有兴趣，从来没有计划出版一本个人专著，更不会把时间花在东拼西凑复制粘贴上；他对评选优秀教师没有兴趣，爱评谁就评谁；他对申报特级教师没有兴趣，谁想申报谁申报，他没有时间去准备繁琐的申报材料……凡是信息技术学科教学以外的东西，凡是教育以外的东西都与他无关，他只对教育本身有兴趣。所谓的教育本身，就是他喜欢他的学科，因此而投入了很多时间和精力。他就是喜欢学生跟着他一起玩信息技术科学，一起玩研究，或者说是在科学中玩耍，在研究中玩耍，在发现中玩耍，一种非常原始的、单纯的、卓越的教育。

在阴卫东老师身上，有一种非常纯粹的东西。他培养孩子对科学单纯的热爱，而不是附加在竞赛上，诸如保送、加分的功利。所以，阴卫东老师这个所谓的奥赛金牌教练呼吁将奥赛热降温。这个看似矛盾的地方，恰恰说明他对回归科学研究原初意义或者叫本体意义的追求。由此看出，今天奥赛热的问题之所在，为什么有这么多的家长热衷于让孩子去读奥赛班、去搞奥赛，绝大多数都是奔着奥赛之外、科学研究之外的功利目标而去的，加分、升学就是许多人的唯一目的。这恰恰是背离了科学研究的初衷，是对科学精神的最大戕害，是我们有很多奥赛金牌获得者而没有诺贝尔奖获得者的根本原因。阴卫东老师呼吁奥赛降温，就是希望学生、家长去掉对伪科学或者对科学外在的糖衣的热爱和追求，真正回归学习的本真状态。

上海市祝桥中学的戴传伟老师，一个憨憨的让人一见就觉得特别厚道的老师，虽然"隐居"在浦东的乡下，但却做着覆盖地域最为广阔的事业。他凭一己之力办了"语文在线"，他的初衷很简单，借助互联网让更多的语文教师享受到免费的教育资源。他为此投入了所有的业余时间，不离不弃，至今已坚守整整十年。每当夜幕降临，吃完晚饭之后，戴传伟就会端坐于电脑前，打开"语文在线"网站，开始例行审核别人所发的文章，浏览一天来论坛中的新帖和跟帖，删除不良信息；对师生正儿八经的讨论与提问作出回应；做一些网站内容补充和完善工作；引发大家讨论语文教学的热点问题……

从 2002 年到今天，3650 个夜晚，他始终坚守，什么原因？没有人因此给他颁发荣誉证书，没有人因此授予他什么称号，没有人因此给他奖金，事实上他为网站建设已经搭上了许多的经费，然而他不在乎这些。他在乎的是许多语文教师从中获得了很多有益的教学资源；他在乎的是同行们对他工作的需要；他在乎的是网友们给他热情的鼓励和由衷的肯定；他在乎的是这项工作本身特别有意思，特别令他感兴趣。经过十年的用心经营，他的"语文在线"网站越办越红火，有了"语文教师之家"的美誉，并已跻身国内语文学科网站前十位。像他这个既不走商业模式又不做任何广告的免费学科网站，或许在国内仅此一家。

在阴卫东老师、戴传伟老师身上，有今天许多教师所缺的东西。曾任耶鲁大学校长的贝诺·施密德特，不久前在耶鲁大学学报上公开撰文批判中国大学，他说："他们的学者退休的意义，就是告别糊口的讲台，极少数人对自己的专业还有兴趣，除非有利可图。他们没有属于自己真正意义上的事业。"说的就是这个意思。我说不清楚这里的原因，但我想原因可能是多种多样的。从他们身上引起我更多的反思，反思我们习以为常的许多东西，有没有背离我们初衷的地方；反思我们自以为是的工作，有没有南辕北辙的可能。比如为了激励教师，各级政府评选各种级别的优秀教师、优秀园丁、优秀教育工作者；各级教育专业部门评定各种级别的骨干教师、学科带头人、特级教师；人事部门会同教育部门给教师们评聘初级教师、中级教师、高级教师。每一次评选、评定、评聘，都毫无疑问地激励了不少教师，但身处其中的人都渐渐看到，若干次评选之后，若干年评定之后，我们的这些职称、称号都毫不例外地贬值了。于是我们重新创造新的概念、新的荣誉称号，君不见，有"教育功臣"评选出现，有教授级高级教师评聘出现，还有一些地方将出台由政府出面颁发的"教育家"称号……

可以肯定的是，这些评选、评聘的初衷是好的，也起过一定的作用。但这种评选最大的问题就在于，把教师们引向教育以外的东西，引向功利的目标。值得注意的是，外在的功利目标会败坏教育内在的价值目的，从而走向背离初衷、走向南辕北辙的境地。最可怕的是，我们至今还有很多人视而不见、充耳不闻，或者根本就是浑然不觉。

我们为什么不能更多地引导教师热爱教育本身，引导教师热爱教学本身，让教师们热衷于跟孩子们一起玩耍，痴迷于跟孩子们一起学习，醉心于跟孩子们一起探究？我深知这是非常不易的，但我也深信，在今天教育的土壤里，肯定有这样的人，肯定有这样的学校，肯定有这样的事件、事实、细节在发生着。我也坚信，当功利主义走到极点的时候，人们更多地会反思：我们到底需要什么样的教育，什么才能真正使人幸福快乐，教育究竟应该如何才能造就人才，教师究竟应该成为怎样的教师？

我不希望大家空喊"教育家办学"的口号，我不想由政府出面评选并颁发"教育家"的证书。我相信，教育家一定是有着自由的情怀，一定是有着非常纯净的教育思想，一定是从教育的田野里一步步走来，带着泥土的气息，带着青草的芳香，一定是充满快乐的……

（本文发表在《人民教育》2013-3、4，发表时题目改为"教育家一定是自由的教师"）

他乡巧遇高志华

2013 年初秋，我辞去了上海市浦东教育局副局长的职务，辞去了浦东教育发展研究院院长的职务，南下深圳办学，出任深圳明德实验学校的校长。媒体一番炒作，惊动了不少朋友，也成就了一些他乡遇故知的故事。我在深圳遇到了 20 多年前认识的老朋友高志华老师，高老师已经年届 70，退休之后从西安到深圳投奔儿子、女儿，享受南国冬日温暖的阳光，开始一段时间还在深圳中学教语文，现在不再任课，老两口就住在女儿家修身养性。

听说我在深圳福田任校长，他住福田，近在咫尺，一定要约我吃饭，于是他请客，他女儿买单，我们他乡遇故知，彼此相谈甚欢。随着两人你来我往的追叙，我和高老师的相识过程一幕幕地跳将出来，虽然模糊，但也如在眼前。

新时期的语文课程改革造就了许多语文名师，也催生了许多语文教学的报纸杂志，中学语文报刊有所谓"四大名旦"之说，其中就有陕西范大学主办的《中学语文教学参考》，因为这家刊物，我结识了许多语文名师，高志华老师就是其中之一。不记得具体是哪一年，只知道是在 20 多年前，大概在 1990 年代前后，《中学语文教学参考》编辑部组织了一次语文高考的研讨会。为参加这次会议，我写了一篇 9000 多字的论文《高考语文测试的反思与前瞻》，提出并分析了高考语文的"章熊模式"，并大胆地预测了高考语文测试的发展走向。我在那次会上所作的发言，引起了与会者的兴趣，虽然年仅 30，属于青年教师，但还是得到了中老年教师的认可，这之中就有高志华老师。

会议间隙的交流，我认识了高志华老师。他高高的身材显得有几分清瘦，儒雅面容显得非常和善，让人初次见面就有十分的信任感。高老师精神矍铄，思想锐利，他对我充满火药味的批判性文字很感兴趣，我们都有一种不满足于现状、想要改变点什么的强烈愿望。这就是我们的初次交往，一见如故，从此就成了朋友。

后来我从江西到上海工作，其间我几次到过西安，他也几次到过上海，彼此相遇非常亲切，说的都是语文教学的事情，忧患意识浓厚，课改意识强烈。他和陕西的几位专家要编写语文教材，特意到上海请教于漪老师，也非常客气地征询我的意见，我看了他们的设计及样稿，非常震撼，他们编写的语文教材就像他们的性格一样厚重而朴实，源于他们深厚的语文学养，源于他们对语文教育深刻的认识。我当时的直觉是，用这样的课程认真教出来的孩子，一定会有如他们一样的语文素养。

2005 年高志华老师主编《中学生作文学》，他信任我，让我加盟他的编写队伍，并让我出任副主编，我非常认同他的作文教学思想，虽然挂了一个副主编，其实没有承担相关职责，只是按照他的要求，写了相关章节的文稿。因为我当时担任上海市建平中学的校长，诸事缠身，写出来的东西可想而知，写完了交给高老师，就算万事大吉了。虽然是多年的老朋友，但高老师非常认真严谨，对拙作进行了斧正。我看了高老师的改动，心生佩服，所改之处都是当改之处，而且改得恰到好处，其时对高老师的为人、治学萌生了由衷的敬意。

高老师完全退休之后，整理了自出道以来发表的各种语文教学论文，以及颇有性情的诗歌、散文，准备出版。高老师信任我，请我作序，面对高老师这样一个长者的要求，我没有任何理由推辞。看高老师的书稿，就像听老朋友聊天，听他在侃侃而谈。他说的是语文、阅读、写作，中考、高考；他话的是家常，人生经历，教育经历，起起伏伏，坎坎坷坷。他说的很淡，却有厚厚的滋味，让人咀嚼不断；他说的很轻，却有沉沉的感觉，让人浮想联翩。他有诗性的散文，也有散文般的诗行；他有学理的分析，也有率性的直白。

知道我是怀有几分理想主义的色彩来办学，他一定要来看看我的学校，正赶上学校市民开放日，他要听听我的办学理念和基本设想，于是就带着老伴以市民的身份坐在小凳子上静静地听了我一个多小时的"报告"。两个白发苍苍的老者并无孙子要来上学，只是凭着对教育的一腔热爱，怎么会不令人动情呢。

第二天一早起来，高老师就给我写来邮件："听了你的教育思想，与我心有戚戚焉。仿佛看到了远处一座宏伟、凝重而并不俗艳的大厦——眼前的建筑师却穿着灰蓝色的上衣和一条普通的牛仔裤，像一个兢兢业业的清洁工，正在想着把那儿擦洗的再干净一些。"他将在深圳中学工作几年的经验提供给我，网络问题，安全问题，家长问题，细节问题，早教问题，宣传问题等等，提供了许多切实可行的建议，真的让我倍加感动。

新年伊始，高老师为香蜜湖文化站写了一副春联——"香蜜湖湖梦中国梦，竹子林林立民族林。横披：一马当先"，让我感受一下新年的气息，并期盼我对香蜜湖（我所在的明德实验学校就在香蜜湖路上）的感情与日俱增。

看着这副对联，一个语文教师的形象豁然就在眼前。

（此文发表在《教师月刊》2014-6）

▪ 印象老嵇

老嵇，全名嵇成中，是深圳市福田区教科院的副院长，现在已经光荣退休。

既然我到深圳福田是命中注定，那认识老嵇就是必然的了。因为据说这里有一所学校有着全新的办学体制和十分开放的办学空间，容易激动的我就被忽悠到深圳来了。而这个学校的设计者之一就是老嵇，他那时代表的是福田区政府。初识老嵇，彼此之间还有些针锋相对的小冲撞，因为他那时奉命组织专家评估我的办学规划，挑战和回应也是很自然的事情，但那其实都是学术上的正常研讨。

我向来在识人方面是自我感觉良好的，老嵇给我的直觉就是善良而有思想的人，他的视域之广，在福田区、在深圳市教育界中是不多见的，举凡各种教育论坛常常都有他的身影，或策划，或主持，或发言，或报告，市内、省外，国内、国外，他时常有自己的独得之见。他常来我办公室坐坐，聊聊教育，也说说教育以外的事，彼此相谈甚欢，因为思想契合度比较高，我常常在朋友们面前夸赞老嵇：老嵇是我在福田的第一朋友！他听罢只是憨憨地笑笑，不反对，也不赞同。

　　学校开办之初，遇到一些困扰，我常常在他面前吐槽，他总是报以理解的微笑，只要我需要，又是他力所能及的，他一定很积极地施以援手，迅速而有效。

　　独自一人在一个陌生的地方办学，有老嵇这样一个聊得来、信得过的朋友，就不会感到孤独，这是我真切的内心感受，信不信由你。

■ 我的学生顾文豪

　　每一个语文老师都喜欢文章写得好的聪明学生，一如喜欢当年的自己。在若干年前（或许是十几、二十几年前），语文老师都可能是文学青年，或多或少有一点文人气质，喜欢诗歌，慷慨激昂地诵读，并自得其乐，旁若无人；喜欢小说，并偶尔会梦想自己成为小说家的模样；喜欢散文，并不停地雕章琢句。当一切文学美梦都没有成真的时候，就不自觉地会寄希望于自己的学生，每每看到一篇写得非常漂亮的学生作文时，就会不自觉地拍案叫绝，当看到有屡屡写得一手好文章的学生时，就会想起当年的自己，爱文及人是也。

　　我和顾文豪同学的相识大约在 2002 年，那时学校在高一年级实行导师制，学生各自选择自己的导师，导师负责做他们的思想工作，以及学业指导、行为规范的指导，是学生全方位的导师。我和几位选择我做导师的高一学生谈话，问他们何以选择我为导师，顾文豪的回答很使我感动。至今记得，他是虹口区的，之所以选择浦东新区的建平中学，是因为建平中学的语文是强势学科，在上海市是小有名气的，而他是十分热爱语文的。"选择您作为导师，是因为您是语文特级教师，据说很有名气。"说这话的时候，他的眼睛是大而亮的，一脸真诚的样子，不由你不相信，不感动。我又是高兴，又是惭愧。学生热爱语文，在语文老师看来是最开心的事，而我这个整天忙忙碌碌、徒有虚名的语文特级教师能否真正给他们以有效的指导，其实是很值得怀疑的，我其实对自己没有足够的信心。

我曾私下猜想，文豪的名字与他的志趣爱好如此契合，这是刻意为之，还是自然巧合，抑或是长辈的希望给了他强有力的心理暗示？我不知道，但我知道，一个孩子对语文如此爱好，甚而达到痴迷的地步，而且有优秀的作品问世，常常不是我这样的语文老师的功劳。如果我要将此作为成果据为己有的话，人家很可以用一句话就把我噎住：有本事你再培养一个试试！

我说顾文豪对语文痴迷，不是说他整天沉迷于语文的文山书海中，那充其量只是个书呆子而已，也是不会写出好文章来的。顾文豪无疑是爱读书，也是读了不少书的。从他的文章中我们可以看得出来，他读得多而杂，经典的，时尚的，文学的，哲学的，涉猎的面广，虽不专于某一点的研究，但往往能从书中汲取精神的养料，书虽读得不精，但有自己的想法。"当我失意时，我会读一读罗曼·罗兰所著的《约翰·克利斯朵夫》……它使我明白哪怕折戟沉沙，也将吞牙再战，永不言败。""当我得意时，我会读一读《淮南子》，'非淡泊无以明志，非宁静无以致远'，更使我自警自省，不沉迷于众人的喝彩声中，不留恋于以往的成就中，仍然踏踏实实。"以书养人，这也是一种读书的方法。

我说顾文豪对语文痴迷，主要是他对语文活动以及各种学生活动、教育活动的痴迷。其实文豪同学是一个很阳光的少年，他黝黑的肤色就是阳光照射的结果。他热情，充满朝气，充满活力，我和他单独在一起的时候，常常是他说得多，眉飞色舞，侃侃而谈，他得意于他的创意，得意于他的活动。的确，他有许多的创意，而且精于策划，并能付诸实施。他是《新闻晚报》学生记者团的领导者，十足的活跃分子，由他策划或参与策划的活动不知有多少，光是派给我的活就不在少数，有时是报社研讨会，有时是电视台拍摄节目。他还很善于开发利用我们学校的教师资源，我不止一次地看到学校老师一次一次地在《新闻晚报》发表文章，我断言这一定和顾文豪是有直接关联的。他和东格致中学的语文特级教师鲍志伸经常在《新闻晚报》上连手发表文章，没完没了，可见有一定的"收视率"。活动能够造就人，这应该是教育的一条真理。暑假里，顾文豪参加北京大学、清华大学等全国 13 所著名高校组织的"语文之星"评选活动，以优异的成绩和出色的临场发挥，勇夺语文综合素养评比一等奖，并获得总分第二名。

2004 年暑假，顾文豪又成功地策划并组织了一次大型活动——上海市 33 所市重点中学学生会主席论坛。这是一次很有意义的校际联合活动，德高望重的教育家吕型伟、于漪、叶澜到会并勉励各校的主席们，上海市教委主管基础教育的副主任瞿钧到会并发表讲话，上海市 33 所市重点中学的校长到会。上海几家电视台、电台、报纸等新闻媒体都乐颠颠前来采访报道。

这样一次活动，我不知道顾文豪花了多少时间，花了多少精力，我当然知道这样的事和考大学没有多大关系，但我肯定地知道这样的事和他今后的人生发展有着十分重要的关系。我一直坚持这样的观点：人的培养最重要的是气质的培养。少年当有心事，少年心事当拿云！少年当有潜力，少年潜力无限！成功的教育就是成功地激发人心志的教育，成功的教育就是成功地释放潜能的教育。

后来到了高三，他毫不犹豫地把复旦大学中文系作为第一选择，我坚决支持他的选择，作为校长十分负责地向复旦大学推荐这位优秀的学生。最后他如愿以偿进入复旦大学。在复旦大学，他如鱼得水，继续读他喜欢的书，继续写他的文章，继续做他喜欢做的活动。

偶尔他也会抽空回母校，也会过来看看老师，谈他得意的事情，依然是眉飞色舞的样子。本科毕业后，他直升复旦大学研究生，师从著名学者，也是很有才气的学者汪涌豪先生。

我常常自言自语：每一个学生都是我可爱的孩子，每一个孩子都是一本非常有个性的书。阅读文豪同学这部书，是令人欣慰的，是让人欣喜的。

（此文发表在《新读写》2004-10，发表时题目改为"少年心事当拿云"）

张吉武和《中学语文教学参考》

　　我和张吉武老师的交往应该从与《中学语文教学参考》的交往开始说起，算起来有 20 多年了。长时间的交往，陕西人的厚道朴实给我留下了很深的印象。大概是在上世纪 80 年代末，我在江西参加省中语会年会和论文评比的时候认识了年轻的编辑葛宇虹，她是作为江西省中语会特邀的刊物编辑与会的。会中她先后约了几位有影响的语文教师谈话，我是其中之一。我只觉得她很年轻，有朝气，对语文教学事业信心满满。没过多久，就看到了她以鲁沙为笔名发表在《中学语文教学参考》上的一篇报道，报道中以很简洁的笔墨提到了我。那个时候，一个普通的语文教师被刊物点到名字，于我而言是一种荣幸，于是我对《中学语文教学参考》有了比较好的印象。

　　后来人民教育出版社语文编辑室在陕西西安召开高中语文大改本实验教材教学研讨会，我因上饶一中领导的信任，担任周正逵主编的高中语文大改本实验教材的任课教师，参加了这次研讨会。周正逵主编的高中语文大改本实验教材至今想来还是很有意思的，高一是文言读本，辅之以现代文选读，高二是文学读本，高三是文化读本。这套教材的最大特点就是没有配教参，逼着老师认真阅读文本，我的感觉是受益很大。《中学语文教学参考》的编辑们也参与了这次会议的组织工作，这个时候，我认识了当时刊物的副主编张吉武。不知怎么，和他一见面，我就对他产生了好感，张老师儒雅的气质，温和的语调，一下子让我对他产生了一种信任感。与他没有说上多少话，但彼此算是认识了。

1993 年 10 月，《中学语文教学参考》编辑部举办了语文高考研讨会，编辑们给了我一次会上发言的机会，我非常珍惜，认真准备，写了一篇《高考语文测试的反思与前瞻》，洋洋洒洒 9000 多字。我在会上第一次提出了语文高考的"章熊模式"，慷慨激昂地陈述了我对"章熊模式"的分析见解，预测了未来语文高考的发展走向，赢得了与会者的一致好评。此时张吉武老师已经担任刊物事实上的主编，他对我的发言给予了充分肯定，话语虽然不多，但我知道他对我十分认可。我这个人不善于和别人聊天，但是在简单的接触过程中，我会产生一种直感：信任，或者不太信任；能够成为一生的朋友，或者只是短暂的交往，我基本都能判别出来。我当时的直感就是：张吉武老师可以说是我一生的朋友，虽然我们只是时断时续地交往。

那个年代，有些语文教学刊物有将特级教师的形象放到封面的做法。1994 年，我接到张吉武老师的来信，说是要把我放到封面人物上。我着实有些意外，当时我只是中学一级教师，离特级教师还不知有多少路程，将中学一级教师放到封面上，这是刊物打破惯例的做法。葛宇虹老师来信将封面要求的细则非常仔细地告诉我，特别是对照片有非常高的要求，我先后寄去几张照片，她都不满意。我是一个不修边幅的人，年龄不大，却常常喜欢装老，我留着胡子的照片，都被葛宇虹否定了。后来我只好按照她的建议，认真地到照相馆照了一张像模像样的照片，总算通过编辑审查。

这以后，我和张吉武老师、葛宇虹老师都有一些发表文章上的接触，书信往来，稿件往来，凡我寄给他们的稿子，从来没有打回票的，都能很及时地刊发，那种对朋友负责的态度，那种对工作严谨认真的态度，是我十分敬佩的。也许正因为彼此信任，我十分愿意将稿子寄给他们，统计下来，我的语文教学方面的论文发表最多的地方就是《中学语文教学参考》。

我调到上海建平中学之后，张吉武老师几次到上海参加有关的语文活动，每次见面都是匆匆忙忙，但彼此都非常牵挂。张老师身体不好，人也消瘦，但精神十分乐观，对生活，对世事，对语文教学常常有独得之见，是一个难得的好人。

2009年张吉武老师退居二线，葛宇虹老师担任社长。她来电向我约稿，我好久没有写语文教学方面的论文了，忽然想到我正在写作的博士论文中还有一部分涉及语文，二话没说赶紧把我博士论文的一章发给她，葛老师十分认真地审读我的稿子。虽然我与她是多年的朋友，但她仍然从读者阅读的角度，对我的文章提出了不少修改意见，一遍，又一遍，一共改了四稿，第三次修改的时候，我讨饶请她帮我修改，她很认真地改了一些，但仍然不依不饶地要我做第四遍的修改，最终文章分两期发表在《中学语文教学参考》上。这种对刊物、对读者、对作者负责的精神确实令我感动。可以说，好刊物都是由好编辑创造出来的。

第二辑

菁菁校园

孩子们，早上好！

每天早上，我几乎都会在学校门口迎接来明德上学的孩子，主动问候："同学们，早上好！"碰到小学生进校，我会说："小朋友，早上好！"碰到有"专业特长"的我会凸显他的专业特长，"小歌星，早上好！"这一定是一个歌唱得好的孩子；"武林高手，早上好！"这一定是学校武术队的小女孩；"葫芦丝，早上好！"这一个是葫芦丝吹得特别棒的小男孩；"小主持人，早上好！"这一个是经常主持节目的小孩。

绝大多数孩子会回应，初中生有的声音很清晰："校长好！"有的声音比较轻："早上好。"显得有些腼腆。有的点点头，算是打了招呼。进入青春期的孩子各式各样，有的豪情满怀，充满自信；有的非常阳光，一脸笑容；有的低眉垂眼，甚至无精打采，有些不自然。

小学的孩子们基本上都和我互致问候，击掌进校，他们的精神状态也是多种多样的，有的孩子精神抖擞，声音很大；有的孩子像是没有睡醒似的，精神不振；大多数孩子中规中矩，声音不大不小；有的孩子一手拿着面包、牛奶，边走边吃，问候语混合着吃东西的声音。

孩子们和我打招呼的语言不尽相同，大多数学生喊的是："早上好！""校长，早上好！"有一部分学生喊的是："校长爷爷，早上好！"称呼变了，很显然，我的外表年龄和他爷爷年龄相仿，其实孩子们叫得不错，我是到了该做爷爷的时候了。有的是先后顺序变化："早上好，校长！"有的是先举手行礼再问候："校长好！"有的是先鞠躬敬礼再问候："程校长，早上好！"显得非常正式，一方面可以说这是家庭教育的结果，一方面也可以看出这个孩子有一个严谨的个性。

和我击掌进校的孩子们，击掌方式各式各样，大多数学生都是中规中矩的，少数学生力度很小。不少孩子是创造性地击掌，他们的击掌方式很好玩，有的是用一个手指头戳我的手掌，有的是用手背和我击掌，这很显然是有意和我闹着玩。有的是手臂向后一抡，用力击我的掌，发出清脆的一声"啪"，然后笑哈哈地跑开了，像是得胜一般，其实就是想显示他的击掌声音比其他人的大，为此而高兴。有的是用一只手连续多次击我的掌，严格地说是连续拍我的掌，边拍边笑，开心不已。有的是两只手轮流连续击掌拍掌，拍完之后，也欢笑着跳开了，这一定是一个性格开朗的孩子。有的是跳起来拍我的掌，有的是跑过来击掌，急性子的特征立刻显现出来。有的是击掌之后顺势就握住我的手，要和我掰手腕，明显的是要挑战校长的手腕力量。有的是只击掌没有问候语，一溜烟进校门了。有的是只问候"校长好！"不击掌，也一溜烟进校门了，甚至问候的时候也不正眼看着我，例行公事式地敷衍过去，这两种情况只是个别一两个孩子。有时一个时间段里，一下子涌进许多孩子，这个时候就会看到有两三个小孩迅速退后，让其他同学先走，这很显然是懂得礼让的孩子。一个击掌可以看出学生的性格各式各样，浑然不同，有趣得很。

淘气好玩的孩子，引发了我的兴趣，有时发现一个孩子老远就把小手举得高高的，想给我重重的一击，在掌心将要碰撞的一刹那，我的手掌向上一抬，孩子没击上，意识到我的玩笑，他"哈哈哈"地笑得开心极了。过了几天时间，我会换到校门口的另一边站着迎接孩子们，此时击掌，我就改换左手，这时我发现，不少孩子依然会用右手和我击掌，但总是感觉有点不太对劲，看看手掌，也没有发现什么异样。但是也有不少孩子自然就用左手和我击掌。一两天之后，那些开始用右手击掌的小朋友们，也改用左手和我击掌了。当然仍然有小朋友用右手和我左手击掌，虽然有些小别扭，但继续"别扭"。由此也可看出，孩子们适应变化也不是一样的，有快的，也有慢的。

我在校门口迎接孩子，老师来了，我也问候："某某老师，早上好！"老师也开开心心地回应我："程校长，早上好！"也有青春依旧的老师和我击掌而过。好玩的是，有一回，阿曼的英国学校的一位主任来访，非要站在我的旁边，看着学生和我击掌互致问候，他也兴奋地和学生说："Good morning!"但绝大多数孩子反应不过来，没有回礼，作为校长，我不能让老外觉得我们的孩子没有礼貌，责任感油然而生，于是赶紧一个个地把孩子叫回来，面向老外喊："Good morning!"

有人说，我在门口迎接学生是作秀，我心想：作秀就作秀吧，我可没本事管住别人的嘴。我想真正作秀的人是不可能坚持很久的，更不可能天天如此。其实，我是把迎接学生作为每天最快乐的事情来享受的，当个校长真心不容易，经常要处理一些很烦的事情，而且很多事情常常搞不定，常常要做的是"别人生病，我却吃药"的事情。改变心境的唯一方法就是跟孩子们在一起，与孩子柔嫩的小手相碰，彼此传递着温暖，感觉好极了。看着一个个活泼可爱的孩子，至少烦恼暂时没有了。有那么两天，我因为开会不能迎接孩子，孩子就疑惑地向门卫打探："校长爷爷今天怎么不来了？"这话传到我的耳朵里，我会陶醉好一阵子。

当然也有很多家长是很感动的，他们说："校长天天迎接孩子上学，和孩子击掌，摸摸孩子的头，特别温馨。"有些人顺便就拿起手机拍拍照片，发到他们的朋友圈，据说还引来不少人的点赞。

享受生活，就是享受校园里的每一天，享受每一天与孩子在一起的快乐时光。

【后记】

这篇文章之所以把每天早上迎接学生进校这样一个简单的事情写的这么细致，是想倡导这样一个理念：校长应该是学生的校长，应该是教师的校长，而不是校长的校长，不是教育局长的校长。校长的生活常态应该是围绕着孩子转，应该和老师们在一起，而不是围绕教育局长转，不是整天和校长们坐而论道。也就是说，校长不能做开会校长，不能做概念校长，不能做论坛校长，因为现在有很多校长忙于开会，忙于应酬，热衷于参加各种论坛，热衷于到处发表演讲，满嘴新理念，处处谈概念，但孩子们在校园里却难见校长的身影，老师们难以听到校长与之共商教学设计的声音，这是时下很不正常的校长生态，值得我们警惕。今天我们鼓励校长们成为教育家，但教育家不是论坛中论出来的，也不是政府官员评聘出来的，教育家一定是在和孩子们的日日交流中产生的，一定是在和教师们的天天沟通中产生的，这是必要条件，没有日积月累的长期浸淫在校园里的生活，任凭他人或自己再如何打造，也还是成不了让人信服的教育家。

（此文发表在《未来教育家》2016-9）

翻过那座山峰，你就到了

每个有想法的人内心深处都应该有一座山，教育其实就是让每个孩子的心中矗立一座座高山，教师的职责就是陪伴孩子翻山越岭，最后目送他们走向一座座新的山峰。

今年暑假，我们明德实验学校的老师带着六十几名初中学生志愿者前往贵州山区。从深圳北到广州南，用了短短的20多分钟。从广州南到广西桂林再到贵州从江，长长的四个多小时，六十几张票只有10张票是坐票，其他都是站票。从江到黎平，黎平再到铜关，两个多小时的盘山公路，一路颠簸，像是坐农用过山车一般，最后抵达贵州省黎平县铜关镇侗族村寨。一大早从学校出发，晚上到达铜关，长途跋涉一千余里。山区第一课，结结实实！

古人云：读万卷书，行万里路。我一直主张把学校打开，让孩子们走向社会，走向农村，走进山寨，走的过程就是教育的过程，就是孩子们生长的过程。第二天开始的农活又是出乎孩子们的意料，如果说"头顶斗笠，腰挎竹篓，手持锄头"的装束还有几分新鲜好玩，那么10多里蜿蜒崎岖的山路倒是让孩子们见识了大山，山势陡峭，羊肠小路，刚徒步两三里，明显感觉腿重了，气粗了，步子慢了，汗如雨下。当地一个 10 岁的向导说了一句"翻过那座山峰，你就到了"，成了同学们鼓足勇气的精神动力。很有意思的是，三天下来，孩子们很快适应，变成习惯。在孩子们心里，骄阳似火的夏变成了盎然生机的春。而且孩子们还惊喜地发现：被太阳烘烤过的土地无比松软，胜过城里坚硬的马路。

　　我曾经不止一次地为孩子们在学校午餐的浪费情景而生气，因为他们一不高兴就会将鸡鸭鱼肉倒掉，理由是吃不下去。训斥，说教，显得苍白无力，我常常无可奈何。但山区里的每一顿饭，几乎所有的孩子都吃得精光，甚至连汤都没有剩下一口。那就是普通的米饭，就是酸豆角加茄子，还有一点肉末或者鸡蛋，因为他们走了 23000 多步，还在炎炎烈日下劳作了那么久，一切都成了美味佳肴。没有餐厅，没有桌椅，没有空调，蹲在路边、田头，都成了无比的享受。有人说教育要创设情境，我想说的是，与其创设虚拟的情境，还不如把孩子带进真实的情境，真山，真水，真性情；真路，真活，真体验。几天的劳动，孩子们明白了"田家少闲月，五月人倍忙"，感受到了农民"足蒸暑土气，背灼炎天光"的辛劳，认识到了"谁知盘中餐，粒粒皆辛苦"的真实含义。

　　陪伴孩子们的不仅有老师，还有当地的村民，"首席教师"就是比学生还小很多的当地留守儿童，他们大都姓吴，同学们亲切地叫他们"龙哥""小黑""小胖子""小帅哥"。爬山时，他们既要带路，还要很有心地照顾掉队的哥哥姐姐，忽前忽后；除草时，他们既要示范，还要帮不得要领的哥哥姐姐，助他们完成任务；吃饭时，他们则窝在一角，从不争先恐后，而是让哥哥姐姐们先吃。这些都是十来岁的孩子啊！他们以自己的淳朴和善良，表现了山里人的高尚，展现了中国孩子的文明！每每想到那一幕幕，都让人心酸眼热。途中，劳作间隙，饭后，就是大小孩子之间的交流，也成就了一堂堂很有意义的德育课。侗族小孩谢世朝，小名胖哥儿，从小没了母亲，与奶奶、爸爸、哥哥一起生活。胖哥儿在说到自己的家庭时不禁哽咽，小小年纪的他心中已经深藏了苦楚，但他的心中也有梦，他长大了想走出大山，他说："我从来没有走出过这里，我渴望离开这里，到外面的世界去看看，我想吃好多好多的零食。"我们的孩子闻之动容，拿出糖果和饼干给他，他的眼里出现了一丝喜悦，但就是不肯收下。这里孩子的爸爸妈妈大都在外地打工，爷爷奶奶在世的，孩子们跟着爷爷奶奶，爷爷奶奶过世的，只好独立照顾自己。面对比自己小很多的孩子，看着一个个黑黝黝的皮肤，此情此景，我们学生的心中涌动着怎样的情怀啊！

山区的课程是丰富多彩的，一位75岁高龄的小学侗歌教师亲自教孩子们唱侗歌，这是一种属于非物质文化遗产的民歌；学习织布，在侗族织布机上学织布；学编草鞋，材料很简单：一根麻绳，一束河秆子而已，但是制作工艺却非常复杂，孩子们手脚并用，效果仍然不佳；学磨豆腐，不是电磨，而是手工磨，一块豆腐磨半天；学编鸟笼，先编框架，再添加竹片，反复缠绕，最后编出了不伦不类的东西；学习绣花，学生个个都是杀猪匠穿针——大眼瞪小眼；学习打糍粑，木槌本身就重，糯米团的黏性使得打糍粑变得异常艰难，每打一下，都感觉像从地里拔出了一棵树；学习做饭，最后一顿饭是孩子们自己做的，摘菜、洗菜、切菜、准备调料、刷锅、点火、倒油、清炒、红烧，孩子们分工合作，七手八脚，尽管这顿最后的晚餐他们自己都戏称是"黑料理"，但还是被大家一抢而空，吃的不亦乐乎；最快乐的也是最疯狂的，就是小溪里的泼水大战，直到把老师们泼成落汤鸡，那心里一个爽呀！哪怕自己也成了落汤鸡。

经历产生体验，体验积累成为经验，经验沉淀即为人生见识、人生财富。在这些环节中重要的是学会思考，围绕古寨的留守儿童、辍学、环保、手工艺传承等问题，孩子们深入思考，分别从现状、成因、解决办法等方面交流讨论，一副沉甸甸的担子就这样不知不觉落在他们的肩上。这就是我的初衷，让明德的孩子知道什么叫中国，中国有"京沪广深"等现代化的城市，也有贫困山区，而我们——未来的公民应该有怎样的情怀、怎样的责任。

梁鸿的《中国在梁庄》给国人心灵带来了不小的震动，明德学子的一次贵州山区之行，也会给这些来自大城市的孩子带来心灵上的震动，或许一篇篇《侗寨翻山记》就刻写在他们记忆的沟壑里，难以忘怀……

（此文发表在《上海教育》2015-10A）

开启明德绘本花园

　　丰子恺先生在其《儿女》中说道:"我的心为四事所占据:天上的神明与星辰,人间的艺术与儿童。"这句话常常让我心动不已:仰望天空,敬畏神明与星辰;俯视大地,热爱艺术与儿童。这是一个艺术家、教育家所有的一种崇高的人文情怀。在明德的每一天都会有许多新鲜事,是我和老师们带领学生一起创造的。一个春光明媚的下午我们启动了明德绘本花园的开园仪式。作为校长,我代表学校给小学一年级每个班的学生赠送近两百本绘本书,孩子们兴高采烈地把书捧回教室,与其他同学分享。

　　我给家长们进行了一次充满深情的讲话。从教30多年,我始终认为学校一定要有体育活动的呐喊声,艺术活动的歌声、乐声、喝彩声,同样必不可少的是琅琅书声。在我任教语文的几十年里,一直强调让孩子读书,每课一诗——每堂课背诵一首诗歌,每月一书——每个月读一本文化名著,而且一直坚持到高三。今天我们明德一年级的小学生已经背诵了不少《三字经》《弟子规》、唐诗、宋词等等,这些是文化,是养育学生民族精神的文化。现在我们开启明德绘本花园，就是要让明德的孩子养成喜欢阅读、自觉阅读的习惯，因为这个阶段是孩子形成阅读习惯的时期。有人说，人的阅读能力在 3 ～ 8 岁开始形成，可见小学阶段培养孩子阅读的兴趣和习惯，能奠定学生人生自主阅读的基础。

在儿歌之外，选择绘本作为明德孩子们的礼物，其实有点偶然。我原本不知道绘本的意义，偶然的一个机遇，一位语文老师向我推荐了绘本，生怕我工作太忙，没有时间去购置绘本，亲自送了几本绘本给我。一个寂静的晚上，我真的静下心来阅读了，不知不觉地读出声来，我的声音随着故事的起伏而起伏，我完全被那温煦的内容打动，不知不觉想起了我所经历的难以忘怀的人和事，泪流满面，感慨万分。我已年过半百人，也算经历了许多人生世事，居然被一个"儿童读物"深深打动，从此我的心扉打开了一扇很有意义的绘本之窗。真的应了这句话：绘本适合 0 ～ 99 岁的人阅读。我认为绘本有两个显著的特征：其一是简单的丰富。绘本故事不复杂，情节也不曲折，内容也显得单薄，但哪怕是薄薄的十几页书画里也有一个丰富的世界，包容了人间万象，蕴含着充沛的情感，高度浓缩了人生的酸甜苦辣、悲欢离合。其二是纯真的深刻。孩子的口吻，稚嫩纯真，却蕴含深刻的哲学道理，用心品读会使人心神摇荡，并长时间地留存在人们的记忆中。它像是一座桥梁，能帮助孩子们从家庭走向学校，从玩具走向书本，从图像世界走向文字世界，伴随着他们成长。

我提倡用一种原生态的方式阅读绘本。日本作家柳田邦男说过人生三读绘本：第一次，小时候被家长抱着读；第二次，当了父母后抱着自己的孩子读；第三次，积累无数人生经验之后再来读。这些话很有道理，我特别认同这种抱着孩子读书的方式，我希望家长捧着绘本，读给孩子听，父母和孩子依偎在一起，一页一页翻开，逐字逐句读给孩子听，相互依偎的温暖经年不退，甚至永远留在父母、孩子心中。我相信许多孩子都会让自己的妈妈再讲一遍故事，让自己的爸爸再讲一篇绘本，这绝对是人生的一种享受。我的孩提时代没有绘本，在我初当父亲的时候没有看到过绘本，我没有抱着女儿阅读绘本的温暖记忆，这是十分遗憾的，我只有盼着我的外孙出世，我会津津有味地给他讲绘本故事，我相信他一定会津津有味地听着。

给家长们讲完话之后，我赶到教室里，在一年级（4）班，兴之所至的我给小朋友们朗读绘本《一个活了一百万次的猫》，全班35个小朋友，刚开始还有几个学生在说话，很快他们就被我讲的故事吸引了，紧接着当我读到作为国王的猫死了的时候，竟有一两个同学笑了，我没有粗暴地制止他们，而是更加深情地朗读故事，我用充满磁性的语言和满含深情的眼神所凝聚的力量把孩子们都吸引到故事中，让他们沉浸其中，感受故事的魅力，读到最后小白猫死了，我的眼眶有点湿润了，我的声音有点哽咽了，孩子们完全被感动了。故事讲完了，孩子们十分自然地提出了许多问题，下课的乐声响了，我让他们带着问题自己去读一遍故事，再去思考。

回到办公室没有多久，许多小朋友跑到我的办公室来，每个人赠送给我一张自己制作的心字形卡片，用不太整齐的汉字，用夹杂了拼音的句子，感谢我给他们送来的好书。

这一刻，我怦然心动。

（本文发表在《上海教育》2014-6A）

那诗意的校园故事

2014 年 12 月 12 日是周五，每周五下午是明德固定的教师会议时间。本周议题是明德导师工作交流，有四位老师发言，讲述他们的教育故事，故事感动了大家，感动了我。作为校长我真诚地感谢大家，感谢老师们在明德的校园里用心体察，用情呵护，用智慧去创造。

学校是干什么的？老师是干什么的？作为一个从教30 多年的校长，我一直在思考：在有限的学校教育里，学校最主要的意义在哪里？在有限的教学时间中，教师最有价值的工作是什么？我以为就是为学生创造精神家园，这个家园需要老师用心去体察，用情去呵护，用智慧去创造。

用心体察。对孩子的关注和爱，始终是教师最重要的情感特质，用心体察就是走近学生，真正从空间、时间维度上充分了解学生，进而理解学生，更有效地教育学生。杨金峰老师班上有一个孩子，考试成绩永远是班级最后一名，怀着些许"恨铁不成钢"的着急，杨老师希望能帮助孩子尽快提升成绩。在与孩子妈妈的交流中，杨金峰老师渐渐了解到这个孩子特殊的童年经历：他小时候两次生大病，大脑两次开刀，损伤严重；他父母离异，母亲再婚后又生了两个孩子，根本无暇关心和照顾他。由于脑部受过损伤，这个孩子思维相对要慢，做什么事都要慢半拍。原来，在"最后一名"的表象背后，却隐藏着这样的不幸和伤痛！从那以后，杨老师对这个孩子倾注了更多的惜爱，他放慢节奏，积极鼓励，静心等待，孩子的考试成绩虽然还是最后一名，但他和自己比，有了明显的进步。这个孩子静静地成长着——按照自己的节奏和速度，而老师和学校，给了他平等的尊重和成长的空间，虽然命运多舛，但生命依然是一棵美丽的树。

用情呵护。每一个孩子都是一颗星星，闪耀着自己的光芒，孩子需要的守护，更多的是在情感世界中。用情呵护，就是要用宽广的情怀，发现和呵护每个孩子身上熠熠闪光的"宝藏"。杨华老师班上有一个孩子，肢体平衡有困难，体态和动作时显"异样"。但这个孩子很勇敢、很有毅力，他在家里不断地练习矫正身体，一次次地摔跤，一次次地爬起来；一次次地咬紧牙关，一次次地抹去眼泪；一次次地面对困境，一次次地寻求改变……孩子太懂事了，他表现的意志力已经超出了这个年龄所应该具有的。杨华老师发现了这个孩子身上蕴藏的"宝藏"，把这样的精神示范带到班级中，也带到这次的教师交流中，用真情呵护和鼓励了孩子的意志力。

当我们无条件地爱孩子，在他们身上付出时间和真情，收获最大的往往是我们自己。因为喜欢和孩子们在一起，郭敏老师一直没有时间谈恋爱，她的学生们看在眼里放在心上，郭敏老师生日那天，孩子们为她播放了专门制作的视频，庆祝郭老师的生日，由衷地赞美郭老师。在视频里，孩子们大喊："郭敏美不美？美！郭敏好不好？好！郭敏会不会有男朋友？会！郭敏我们爱你！祝你生日快乐！"班上非常调皮的宋维翰同学特意为郭老师买来蛋糕，蛋糕上写着："没有男朋友陪你过生日，我们陪你过生日。"老师以真情感动了孩子，孩子也用真情感动着老师，明德的孩子们太可爱了！明德的老师们太可爱了！

用智慧创造。除了倾注爱与真诚，教育还需要理性的思考，需要用智慧创造。四位老师不约而同地谈到他们不断地研究学生，尝试用不同的方法教育学生。徐婷婷老师经常家访，比照和研磨孩子在不同时空环境中的学习和生活状况，把握整体情况后，更有针对性地引导和教育。杨华老师研究班上几个特殊学生，找出产生问题的原因，对症下药。郭敏老师发现："八年级一班，由30名同学组成，15名男生，15名女生，性别比例对等，但不对等的是他们已经升入初二，学习习惯与学生年龄不对等；学习成绩与教师付出不对等；自我要求与自视甚高不对等；纪律意识与权力意识不对等。"在郭敏老师的指导下，班级成立了"八一新闻台"，建立了导师QQ空间、家长微信群、学生微信群，密切亲子关系，促进家校交流，郭敏老师说："我真切地感受到了他们的成长，我为他们感到骄傲，我为八一班感到骄傲！"杨金峰老师对待学生不是只看表面现象，而是探究和分析内在实质，在发现"最后一名"的经历真相后，不再以统一的"分数法则"来衡量这个孩子，而是理性地尊重、耐心地辅助，自己也多了一份对于"慢教育"的思考。

置身交流现场，我被明德老师的教育故事和教育智慧深深打动。那个大脑和心灵都受过创伤的孩子，他的妈妈为他录下视频，哭诉心中无限的愧疚和歉意；那个平衡困难的孩子，心中藏着怎样的坚忍和憧憬啊；那个平日里调皮捣蛋的孩子，却在老师生日的时候表现出男子汉的担当，捧出一颗柔软、细腻的心……看到这些师生共同创造的值得珍惜的瞬间，听到这些师生共同成长所带来的感动，我禁不住一次次地流下"众人面前不轻弹"的眼泪。

如果说教育是农业，那么教师就是农夫，但教师是一个有诗人气质的农夫，做着有诗意的事业。我们默默地耕耘，我们浇水培土施肥，我们对每一棵幼苗都竭尽全力，虽然我们不知道他们什么时候开花，也不知道他们什么时候才能结果，甚至我们不敢肯定，每一棵幼苗最终都能开出多少艳丽的花，都能结出多大的果实，但我们依然执着依然努力，我们耐心地等待着，静待花开，静待学生成长，静待学生成人，静待学生成才，这就是诗意所在。

总有一些东西，可以抵抗时间的力量。当孩子们离开校园以后，10年，20年，30年，回想起那充满诗意的校园故事，回想在学校的日子里老师陪伴他们慢慢成长，细数校园树叶下那斑驳流连的光影，在他们的心灵深处，校园就是永远的精神家园，是永远走不出的记忆风景……

（本文发表在《上海教育》2015-6A）

南国新唱毕业歌

到深圳三年,今年是第一届初三毕业。从下午5点钟开始,深圳明德实验学校的毕业典礼一直持续到晚上8点多,年级长马彦明老师主持。整个典礼上,学生回顾三年生活,任课教师临别赠言,颁发毕业证书、奖励证书,学生牵着父母的手上台互赠书信,热情拥抱,主持人富有磁性的充满激情的男中音,可以说整场典礼高潮迭起,感情的潮水一浪一浪地冲击着所有在场的老师、家长、学生的心。

我没有想到我们的孩子这么懂事!我在给毕业班的每个学生颁发毕业证书时,几乎每个孩子在接到毕业证书的时候都说:"谢谢校长。"从来没有这么统一有礼貌过。发到宋惟翰同学,他说了一句:"程校长,我想拥抱你!"随即这个十来岁的男孩紧紧把我抱住,一下子把我感动得要流泪。当孩子们携手父母登台的时候,一位壮实的初三男同学几番拥抱爸爸妈妈,泪流不止,让台下的观众嘘唏不已。

我没有想到我们的老师这么多情!语文老师将自己所

任教班级的学生名字串起来做了一首诗，每个班一首诗；历史老师用历史口号串起来告诫同学；数理化老师各个聪明绝顶，将自己学科的专用术语组合起来，成为勉励孩子们的赠言。更令我想不到的是，美术老师高伯寅，原本是十分潇洒刚性，经常显得很酷的一位来自内蒙古的老师，居然在台上讲话哽咽到不能自已；身高一米九的体育老师张宏宇，居然写出了洋洋洒洒又含情脉脉的文章，现场朗读，几番泪眼，几多动情。

我没有想到我们的家长这么投入！在整个毕业课程的设计过程中，家长们提出了很多建设性的意见，并积极加以实施。他们集资买了名贵树木，带着孩子们在校园里种下具有象征意义的海南黄花梨，并十分认真地吩咐孩子："等你们走上社会之后，回到校园，在树的旁边建一个漂亮的亭子吧！"每个家长十分认真地给自己的孩子写了一封情理兼备的书信，全程参与毕业典礼。有两位家长是专业摄影师，全程拍摄，汗流浃背，令人感叹。

毕业典礼的最后一项是校长讲话。我脱稿讲话，充满深情，因为此时此刻我的情感已经被充分调动起来了。

亲爱的孩子们，亲爱的家长们，亲爱的老师们：

晚上好！

今天是公元 2016 年 6 月 27 日，原本是非常普通的日子，非常平常的日子，而现在，因为你们的毕业将显得不普通，因为这个毕业典礼而显得不平常，明德的历史上将记载——明德首届初三毕业班顺利毕业。一个普通、平常的日子，将获得历史性的重量。

2016 年，美国著名导演斯皮尔伯格在哈佛大学毕业典礼上的讲话主题是"铭记历史，追随内心"。我非常认同这个主题。

我们应该铭记历史。三年历史说短不短，说长不长，这三年恰是你们成长的关键期，由儿童走向少年，这三年是你们人生中一个重要的阶段。

回顾三年，我要感谢各位家长。正是因为你们的选择，使得我们之间有了缘分。三年相伴相随，为了共同的目标，感谢你们对孩子的精心照料、细心呵护，感谢你们对学校的理解、认同和大力支持。

回顾三年，我要感谢明德初三的孩子们。看着你们一天天长大，看着你们一个个知书达理的样子，我无比欣慰，我为你们的语言和行动所感动，你们记住了你们的老师，也记住了为你们服务过的保洁阿姨、水电工、保安大叔、食堂员工，你们把他们也请到台上，表达了你们的爱和感激。男儿有泪不轻弹，我是一个十分理性的人，但也止不住流下了眼泪，我旁边的王建德老师也老泪纵横。现在我要说：明德今天就以你们为荣。

回顾三年，我要感谢明德年轻的教师们。什么是教师？有人说：所谓教师是成人世界派往儿童世界的文化使者。文化使者承担着精神引领的作用，你们用你们的青春、智慧、汗水和晚上 11 点钟的灯光，引领着孩子们。你们是一群有情、有义、有大爱的教师，你们用行动诠释了明德教师应有的素养。

　　我们应该追随内心。有人说：教育的成果就是所有知识遗忘之后所剩下的东西。孩子们，你们从明德的课程中感悟到什么？在明德的课堂联想到什么？从明德的活动中思索到什么？

　　明德开设"中华文化原典阅读"，就是以两千多年的中华文化精髓来滋养你们的心灵，我们希望从明德走出去的明德人身上具有中华文化的基因。明德开设"湿地研究课程"，就是将学科知识打通，让知识成为解决问题的资源，让你们学会如何整合学科知识，面向社会生活，解决实际问题，提升你们的实际能力。明德开设"国外游学课程"，就是要提升你们的国际理解能力、国际交流能力，就是要开阔你们的国际视野和胸怀。

　　明德组织的贵州山区之行，就是让你们看看中国贫困地区的样貌，看看你们的同龄人以及比你们更小的孩子们的生活状况，让你们懂得中国不仅有京沪广深，还有贫困山区，还有西部农村，让你们明白——何为中国？明白你们的责任。明德组织的社会考察，到腾讯、到大疆、到联通，就是要你们理解社会的需要，学会规划自己的未来。

　　明德希望你们不但有知识，而且有能力；不但有能力，而且有视野；不但有视野，而且有情怀；不但有情怀，而且有责任。"明德正心，自由人格"就是明德人最重要的核心素养。

　　铭记历史，追随内心，就是要更好地面向未来，未来需要你们仰望星空，并脚踏实地。

　　就快到和大家说再见的时候了，这是校长和你们互说再见，是老师和你们互说再见，而你们和明德不用说再见，因为你们就是"明德"，无论你们走到哪里，你们身上都有明德的基因，走到哪里，你们都代表着明德，你们就是自由飞舞的明德个体、明德小精灵，明德不仅是围墙里的明德，明德不仅仅意味着碧海校区和香蜜湖校区，明德还意味着明德的历史、明德的教师、明德的每一个学生。

最后衷心地祝福你们！祝福你们幸福快乐！健康成长！

毕业典礼结束之时，在毕业歌的音乐伴奏下，我们所有的老师在剧场门口和家长一一握手，和所有的孩子们击掌道别，家长们感动不已："明德真是好学校，我要把第二个孩子也送进来。"孩子们纷纷拉着老师、校长照相，其情也深，其心也真，令人感动不已。

（此文发表在《未来教育家》2016-7）

■ 捡拾几片落叶

　　2017 年是我们大学毕业 35 年，几个热心的大学同学开始张罗着要聚会，35 年的时间磨砺，绝大多数同学已退休回家，于是回忆几乎就是我们这些老年同学生活的一个重要常态。回忆到极致，就是想见一见面，于是聚会自然引起多数人的响应，老班长仍然是班长，指挥若定，先民主后集中，几桩大事很快定下，立刻把任务下派到每一个同学身上，其中一件就是同学们都要写写回忆录。就像是老师在催交作业一样，一种无形的压力随即填满了我的生活空间。

　　人生的际遇真的说不清楚，我 1978 年从高中毕业，早已做好了下放农村的准备，但忽然有了时运和转机。那一年，我作为上饶市一中的在校优秀学生，被校方选中，提前一年参加 1977 年的高考。整个七八届约有 400 名学生，只有五个学生享受这样的待遇。以我多年对学习的热爱，居然一考就中，考上了北京广播学院，后来因为我是尚未毕业的在校学生，被取消录取资格。这一切是直到 1978 年第二次高考之后，我又一次考上大学，父亲帮我去上饶地区招生办办理手续时，相关人员像讲故事一样讲给我父亲听，才知道了这回事。如果1977年我被录取，也许就是另外一种人生遭遇，就会遇到另外一批同学。

还是要感谢命运，感谢生活，让我有机会被江西师范学院中文系录取，才有机会与100个同学同班学习四年。

毕竟过去了35年，35年的岁月冲刷，使我淡忘了许多事情，捡拾起来的也就是几片枯叶。

住

我不知道今天的大学生是否知道，他们的父辈曾经住在那样宽大的"宿舍"里。1978年10月，我们七八级中文系大约有70位住校男生，统统住在一个大阅览室里，都是上下铺，年纪大的住下铺，年纪小的住上铺。我那年17岁，毫无疑问住上铺。从来没有住过上铺，一天夜晚，不知什么原因让我辗转反侧，我从上铺滚下来，重重地砸在桌子上，好在是年轻，没有几天就恢复了，倒是这件事还成了许多人当时的谈资，甚而至于传到江西大学去，就有江西大学的朋友专程来慰问我。

大概过了一年时间，我们终于住到了筒子楼里，筒子楼除了住我们这些学生，还住着一些年轻的教师，可怜的年轻教师结婚之后才有单间住宿，也仅仅是单间而已，没有独立卫生间，也没有独立厨房，过道就是厨房，各种杂物堆积在楼道里是常态。那时既没有煤气，也没有液化气，每天生火做饭，楼道里烟熏火燎也是常有的事情，但那时的人彼此都很宽厚，相互理解，从来没有因为这些事情发生不愉快，更没有互相吵架的现象。

我住的仍然是上铺，住我下铺的是万华瑞同学，老三届毕业生，下放知青，经历丰富，写过小说，而且是长篇小说，当时我是非常佩服的，据说他曾经被著名作家杜宣夸奖过。我常听他讲生活故事，都是我所不知道的，他边讲边做动作，滑稽的动作引来哈哈大笑，成为同学们常常模仿的对象。我们这些同学当时家庭并不富裕，万华瑞也不富裕，他有烟瘾，有时看书累了，写东西累了，他就抽上他自己卷制的香烟，他一般不喜欢上阅览室或教室看书，总是躺在床上看书，有时边抽他那自己制造的劣质香烟边看书，我在他上铺，香烟缭绕，基本都吸到我的肺里去了，所以当时我之所以积极跑阅览室看书，并不是为了去看美丽的姑娘，完全是为了躲避香烟的熏缭。奇怪的是，如此近距离地接触香烟，四年下来，我既没有因此得什么肺部的毛病，也没有染上抽烟的习惯癖好。我住的宿舍不知是五楼还是六楼，总之是最高一层楼，而且是最西边的，没有任何遮挡。夏天的南昌是奇热无比的，房间里既没有电扇，更没有空调，简直没法入睡，于是我们就只好带着蚊帐，带着草席，去到有露台的楼房，上了露台搭好蚊帐席地而睡；有时会跑到正在施工的楼房，仍然是搭好蚊帐席地而睡。

读书期间，我还是比较用功的。有一年暑假，在家里待得无聊，我提前两三个礼拜回到学校，想认认真真地看看书，校园里空空荡荡，没有什么人，我的宿舍也只有我一个人，好像学校的设施归我一个人享用，顿时觉得开心不已。白天安安静静地看书，晚上睡到半夜，浑身上下奇痒无比，身上被虫子咬了好几个包，我开灯起来，眼睛盯住蚊帐检查，没有发现破绽，正在百思不得其解的时候，突然发现有小虫子在席子上爬，一只、两只、三只、好多只，我把席子一掀开，许多小虫子出现在我眼前，不停地爬着，当时吓出一身冷汗，猛然想起，这是臭虫，南昌著名的臭虫！我找到一个铁片，开始逐一消灭臭虫，把它们一个个揿死，但我发现几乎是没完没了，一个晚上根本没有办法睡觉。第二天去学校医务室，他们给了我六六粉，让我用水活成泥状，涂在床上的缝隙之间，这天晚上，臭虫明显少了，但也有极少数智商特别高的臭虫冲破六六粉的包围，在我身上咬了几口。直到同学们陆陆续续都来了，臭虫不再咬我了，改咬其他同学了，据说臭虫喜欢吃新的血。

吃

因为是师范院校，所以每个学生是免费吃饭的，第一年好像每个月是14元钱，后来有所增加，好像是每月17元钱，不直接发钱，而是每月发一次饭菜票。食堂里伙食永远不能让人满意，一个礼拜发一次包子票，凭票购买包子，十分有限，一个礼拜发一次红烧肉的票，凭票吃一次红烧肉。那个时候，我们最恨食堂工作人员手里所掌管的勺子，排长队好不容易轮到我们买红烧肉的时候，就怕那个勺子抖了又抖，最后落到我们碗里的红烧肉也就没有几块，而这一周的吃肉机遇就算结束。记得上大学的第二年，食堂工作人员有人得了急性肝炎仍然带病坚持工作，于是十几个学生同时染上肝炎，我就是其中之一，请假回上饶，住院治疗。一个半月之后康复，回到学校，肝炎据说是富贵病，要吃猪肝、瘦肉，要改善生活，靠学校食堂是根本无法解决问题的。于是，我从家里带来煤油炉，每到中午吃饭的时候，就在宿舍自己的桌子上架起了煤油炉下些面条，放点猪肉、猪肝之类的，热气腾腾，香气扑鼻，引来很多同学竞相效仿。到后来，我们宿舍六个人，人人都有煤油炉，中午、晚上六个炉子支起来，一个宿舍就成了厨房，煞是好玩，个个吃得有滋有味。直到今天，我一个人在家用餐，最喜欢做的仍然是下个面条，放上一些瘦肉，几乎是百吃不厌。

　　生活改善之后，饭票就多了起来，学校周边的农民会拿鸡蛋和我们交换多余的饭票，每到饭点时，就见一些人推着载满农产品的小货车、小吃摊进入学校，与大学生们做起了买卖，各得其所。

书

　　从中学进入大学感受最深的还是书，中学图书馆的藏书很有限，而江西师院图书馆的书多得让我惊讶，当时的感觉就像是老鼠掉到了米缸里，最大借阅量好像是 20 本书，一般都是借满为止。

　　我没日没夜地看书，看了很多文学名著，莎士比亚、雨果、巴尔扎克、托尔斯泰、屠格涅夫、果戈理、莫泊桑、海明威、狄更斯、普希金的……像久饿的人忽然看到一桌子的馒头、包子，拿过来就吃，囫囵吞枣，不管不顾。那时阅览室的座位十分有限，抢占座位就是每日的常规事件，因为座位发生纠葛的概率还是比较高的，同学们用尽各种各样的方式占据座位，有在座位上放一个书包，或者一本书，以示名花有主，座位有人，时间一长，晚来的人也有办法，就是把书包或书丢到别的桌子上，直接导致有的座位有两个书包，矛盾因此产生。后来一些班级的好哥们，就派一个人先到，把整张桌子的位置全部占满，直接把守座位，这样就相对太平一些。到阅览室看书，主要是想看新鲜的期刊，特别是一些文学期刊。20 世纪 80 年代所谓新启蒙时期，文学热潮席卷全国，那些复出的老"右派"和思想前卫的下放知青，不断地有新作问世，《伤痕》《班主任》《乔厂长上任记》《北方的河》《棋王》《孩子王》《绿化树》《男人的一半是女人》等，几乎每一部作品都有强烈的影响力。那个时候，不论文科生、理科生，大家都喜欢阅读文学期刊，需要的人多，而资源稀少，供不应求，抢占就是很自然的事了。

　　大约是 1980 年前后，一些文学名著开始开禁。想把名著据为己有，这对中文系的学生来说很正常。我当时属于除了饭菜票还有些零花钱的人，这零花钱就成了买书的资本。名著印数有限，跑到南昌市中心新华书店排长队购买书籍就成了一项业余生活。而好不容易轮到你买书的时候，你会发现，你原本心仪的书已经没有了，只能退而求其次，买两本你原本并不计划买的书籍。我买书的执着感动了有同样癖好的同学。同组的刘志功同学，年龄比我大许多，也是藏书颇丰的人，他是南昌市人，不知是因为常常买书，就和书店的职员混熟了，还是原本就有亲戚朋友在书店里，总之他无须排队就能买到心仪的书籍。他像老大哥照顾小弟弟一样，利用他的关系帮我买书，这是我平生第一次开后门，老实说，开后门的感觉还是很好的。刘志功在第二时间能知道书店了进了什么新书，我就在第三时间知道，然后挑选需要的，购为己有，不费力，或者少费力，还是蛮适意的。

同　学

江西师院中文系七八级学生一共 100 人，绝大多数都是历届初高中毕业生，尤其是老三届毕业生，年龄普遍较大，可以说是新中国年龄最大的一批大学生，有许多人都是结婚成家了的，有的人已经有了不止一个孩子。我是少数几个应届毕业生之一，比我年龄小的有四人，其中有三人是 1962 年出生的，应该是张岩泉、林志祥、涂重阳，全班年龄最小的是初中毕业考取大学的袁建临，他是 1963 年出生的，只有 15 岁，典型的少年大学生。

因为年龄小，在那些社会阅历丰富的同学看来，我们就是小毛孩，他们是不愿意和我们聊天的，常常只有旁听的份，但有时当他们兴致勃勃谈起男女之事的时候，一转眼看到我们也在听，立刻换了一副面孔，十分严肃地说："少儿不宜。"我们不愿意离开，他们会暂时中止刚才的话题，直到把我们驱离，当然有时也会让我们听到不少秘闻，知道一些生命的奥秘。

当然，愿意和我们这些小朋友玩的也有，比如邱尚仁同学，他是一个智商、情商都很高的人，没有看见他有多么用功学习，但是每一次考试成绩绝对优秀。他很愿意和我们交往，也丝毫没有看不起小朋友的意思，常常把他下放农村的奇闻逸事拿出来与我们分享，好比是在我们面前打开了一扇窗户，让我们知道了他们这些知青的经历。班级里有一个理发推子，一把剪刀，一把削发剪子，在邱尚仁的指点下，我学会了给人理发，记得第一个用作理发实习的就是邱尚仁的头发。当时，理完之后，照照镜子，他还是颇为满意的。其实他的头发好理，因为头型比较工整，没有凹凸不平的现象，每一次理发按照上一次的头型，规范地剪一遍而已。这之后，我们都是相互给对方理发，边理发，边听邱尚仁聊天，海阔天空。

同学中印象很深的还有刘志功，除了因为他帮我买过不少名著之外，还有两件事让我记忆犹新。大学第一学年结束时，我们班被派去江西师院的农场"双抢"——抢收，抢种。我们班很多同学原本就是来自农村，还有很多同学是下放知青，这些农活在他们看来不算什么事，但对我而言就是一件重体力活。为了保证水稻田里有水，防止附近农民盗水就是我们的任务之一，经常一床草席，一副蚊帐，就睡在田埂上，看住水渠，不让附近农民把水改道。白天十分辛苦，晚上又睡不好，吃饭如果吃不好，人就顶不住，那时学校食堂也没有厨师随同，一个班 100 人的伙食就由本班同学自己烹饪打理，刘志功出乎意料地主动报名作为厨师。那个夏季，基本上就是南瓜、茄子、丝瓜、辣椒、冬瓜等几样蔬菜，巧妇难为无米之炊，也真的难为刘志功，他居然每天都能变出花样。我记得很清楚，一个茄子他就有多种做法，我特别喜欢吃他做的茄子，一直觉得他做的菜比学校食堂的菜好吃多了。

最后一年教育实习，我们被安排在南昌十中，同在十中实习的还有刘志功等人。实习期间先是听课，最后每个实习生都要上一堂实践课，刘志功是当过老师的，现在已经回忆不起来他当时是怎么上课的，只记得他上课驾轻就熟，十分老练，一堂课下来如行云流水，比十中老师的课上得还好，赢得满堂喝彩，也让我佩服不已。轮到我上，我上的是韩愈的《师说》，有意识地学习刘志功的方式、方法，但效果与他的课相比差距还是十分明显的。刘志功当时很给面子，"不错了，不错了，你第一次上课能上成这样，已经很不错了。"他的话给我以很大的鼓励。我不知道后来我在语文教学上有些成绩，是否与刘志功的影响有一定的关系。

毕业 35 年，拿出夹在记忆书册里的几片落叶，端详端详，回味回味，不一会儿就又觉得空空荡荡的。

（此文发表在《新课程评论》2017-5）

■ 牵 挂

　　世纪是一个门槛，跨过去你就是一个跨世纪的人。百年是一个结，是人们编织的一个情结，她能勾起人们无限的依恋，不尽的遐想。2002年是我的母校上饶市第一中学（以下称"上饶一中"）的百年校庆，从上饶一中走出去的人、从外面走进上饶一中的人，都会为这所学校而自豪、骄傲。

　　记得我是1974年走进上饶一中的，班主任章燕萍老师是数学老师，汪美芳老师教我们语文，没有太多的课外作业，但老师们要求严格，极力鼓励我们多读好书。作为班长的我协助章老师管理班级工作，初一初二我们班总是走在年级前面。进入高中，陈庆澜老师担任班主任，陈老师是武汉大学逻辑学专业的研究生，知识广博，逻辑严密，印象很深的是上午最后一堂课如果是陈老师的课，就不会有饥饿感。许多年以后，当同学们相聚在一起，把酒话桑麻之际，总是念念不忘陈老师的课。在轰轰烈烈的学工学农学军的活动中，我们轻松愉快地度过了高中一年级的生活。1976年粉碎"四人帮"，1977年恢复高考，我们离毕业只有一年，一切言归正传，陈老师专业对口，改教政治。韩老师教我们语文，韩老师是印尼归国华侨，年纪50左右，头发却已斑白，就这头白发把同学们给镇住了，其实韩老师是非常和蔼可亲的，治学严谨，功底深厚，百问不厌，这使得我们不敢造次。也许是语文老师对我的偏爱，从初中的汪老师，到高中的陈老师、韩老师，我的作文经常作为范文被老师们介绍、泛读，不知不觉我对语文产生了较大的兴趣，在选报文理科的时候，虽然我的数理化总分在年级四百多人中排名第二，而且当时盛行"学好数理化，走遍天下都不怕"的价值观念，陈老师稍加动员，我就毫不犹豫地选报了文科。1978年在二百多名报考文科的同学中，只有我一人考取，算是给文科班的老师争了一口气。

1982年我从江西师大毕业，尚未分配，韩克光老师就上门家访，动员我 回母校执教，于是我又回到了茶山寺1号，担任高中语文教师。我的老师依然是那样的亲切、那样的宽厚，依然给了我许多偏爱，于是几年之后，我便又一次"脱颖而出"了。

岁月是一首歌，在上饶一中生活的每一个音符总在我的耳边回响；人生是一条河，老师们给我的关爱，点点滴滴都在心头。离开上饶一中已有八年了，茶山寺的茶花是否依然艳丽，嵩华池的绿水是否依然澄碧，教师的白发是否平添许多，同学们的求学是否依然奋发，这一切的确让人牵挂……

（2002年5月于上海建平园）

▪ 再见同学

　　公元 2018 年 8 月 24 日，我们相聚了，那是相遇 40 年之后的再次聚首，在母校，在我们一起生活过四年的地方，这里是孕育了我们少年时代梦想的地方，是留下了我们青春印迹的地方。你我热情地握手，感受历经 40 年都没有失去的炽热的温度；彼此深情地端详，寻找当年稚气的模样；手拉着手，没完没了地说话，接续 40 年前没有说完的悄悄话；肩并着肩，我们一次次地合影留念，想抓住尚未完全变老的身影，想要留住即将消失的美丽和英俊。

　　座谈会上，我们又一次聆听老师们给我们上的情意浓浓的一课，也唤起了我们对过去学习生活的美好记忆。初中班主任章燕萍老师那母亲般的关怀，凝聚了整个班级的精神；初中语文老师汪美芳耐心细致地批阅我们的作文，打下了我们良好的语文基础；英语老师张菊花永远青春开朗的个性，影响了许多同学；高中班主任陈庆澜老师睿智的人格魅力、精湛的教学艺术，使无数学子倾倒；老校长温典元永远高亢的歌喉和动人的诗歌朗诵给予我们精神的正能量。感恩老师，是他们引领着我们，和我们一起创造了我们的精神家园，那是最纯真、最美好、最令人难以忘怀的精神家园。

将近 50 位中学同学已经年近 60，但在彼此面前，在白发染鬓的五位老师面前，我们感觉还是当年模样，时光虽逝，我们不老。我们用依然嘹亮的歌声，歌唱我们的生活；我们用依然优美的舞姿，展现我们的潇洒；我们用依然字正腔圆的朗诵，歌颂我们的友谊；我们用美酒，用激情，用话语，畅叙我们重逢的喜悦，我们仍然青春依旧，美丽依旧，豪情依旧。

魂牵梦绕的是那过去的青葱岁月；无法割舍的是我们彼此的纯真情意；真切难忘的是我们美好容颜下善良的秉性和赤子的情怀。这一切已经沉淀在我们的记忆深处，这一切一定会融化在我们的血液之中，这一切将伴随着我们未来晚霞般绚丽的生活……

谨以此献给上饶一中 1978 届 2 班的同学们，献给我们的中学老师们！

■ 我和校长培训中心

　　人上了一定的年纪，就有一个明显的特征：眼前的事情说忘就忘，过去的事情历历在目。人们说，这是老龄化的一个表现，所以老年人愿意回忆是有客观原因的。

　　我和校长培训中心的关系，说来话长，我的前任冯恩洪校长与校长培训中心的主任陈玉琨关系很好，1999年建平中学参加上海市实验性示范性学校评审，我作为常务副校长主持规划草拟，第一次做所谓的学校发展规划，没有经验，把握不准，于是将建平的五年发展规划送交陈老师指教，陈老师非常认真，亲自批阅修改。我们赶到他的办公室，那时还是小小的房间，看到他在一台486或者是586的电脑面前，在给我们提修改意见，当时的感觉就像是语文老师给学生进行作文面批，感觉这个老师还是比较亲切、比较认真的。他说话的语音并不十分悦耳，咽喉里好像有什么东西妨碍他的发音，但并不影响他的表达。我们细心感知并吸收他的意见，最终通过专家的规划验收。权威就是权威，不服不行。

　　2003年8月，冯恩洪校长毅然辞去建平中学校长的职务，各方面推荐让我接任，我当时诚惶诚恐，副校长与校长有本质的差异，如何做好校长我确实有些茫然。10月我接到参加校长培训中心举办的第26期重点中学校长培训班学习的通知，真是非常及时。人们都说，校长培训中心是校长的黄埔军校，我在这里听了许多专家的课，海阔天空，思维境界一下子开阔许多。同一个班的同学来自全国各个省市，课余饭后，我也听了班里许多同学的经验，都是真知灼见。非常感激校长培训中心严格的学习制度，不得因任何公事请假，这一点让我得益最大，因为我的学校在上海，校长培训中心也在上海，同城学习，总会有许多会议、公事要我参加或定夺，诸多事情缠身，学习就形同虚设，好在校长培训中心规定严格，使我得以摆脱烦事。

这里的住宿条件也很好，一人一间，互不干扰，安心学习。我看了许多东西，思考了很多问题，比如建平如何再上一个新的台阶，从哪里入手，以什么为切入口，学校的培养目标如何与时俱进，如何统整学校课程，如何建设学校课程文化等，可以说在学习期间，我把学校新一轮的发展规划搭建了起来，思路有了，策略有了，校长就好当了，有底气了，这一点应该归功于校长培训中心。我们这个班有两任班主任，第一任是戴蕊华，年轻，很有思想，书生意气，后来提拔到校办，由王俭老师接任班主任。王老师人高马大，性格豪爽，酒量很大，酒品很好，酒品如人品，干脆利落。我们离开之后都很想念他们。

两年校长当下来，我做出了一些成绩，积累了一些经验，发表了一些论文，好像有了一些知名度。2005年接到校长培训中心老师的电话，邀请我为中心开课，我听后很激动。虽然在此之前我也陆陆续续应中国教育学会、北京师范大学、华南师范大学、陕西师范大学以及各个省市的教育厅、教育局、教研室之邀，在全国各地作过许多报告，但校长中心的邀请还是令我非常动心，因为它是专门培养校长的地方，是校长的黄埔军校，是我学习过的地方，邀请我，说明老师们认可我，能不激动吗？

几年下来，我每年都要多次到中心讲课，每次讲课都受到好评。2007 年，我从陈玉琨手里接过了校长培训中心聘任我为兼职教授的证书，2008 年我从华东师范大学校长手中接过了"华东师大特聘教授"的证书，红色的证书记录了我与校长培训中心、与华东师大的许多故事，点点滴滴难以忘怀……

细数树缝间漏下的一缕缕阳光

——写在《语文学习》创刊 30 周年

真的很快，《语文学习》已经 30 岁了，三十而立，而立之年总要庆祝一番。我与《语文学习》是老朋友了，几任主编都与我关系很好，从范守刚到唐晓云，从温泽远到何勇，诸多编辑也很熟，韩焕昌、王为松、曾加乐都有书信往来。

回想起来，我是 1982 年教语文的，刚开始因为不喜欢看语文教参，所以连带也不喜欢看语文刊物，1987 年评职称，需要写语文教育方面的论文，因此开始读语文刊物。那时，刊物也不是很多，有名的就是所谓的"四大名旦"，感觉《语文学习》胆子挺大，批评色彩较浓，可读性较强。其时也没有想要在《语文学习》上发文。

第一次发文，是一个十分偶然的原因。1990 年我在《语文学习》上读了一篇名家的文章，发现有些漏洞，于是一时心血来潮，写了一篇批评文章，寄给了《教育研究》，编辑很快回信，给予充分肯定，但建议我在《语文学习》上发表。1991 年第 11 期《语文学习》真的就发出来了，文章影响较大，很多人认为，这篇文章就是我的所谓"成名作"，这样说来，《语文学习》对我有知遇之恩，我的名字就被《语文学习》的编辑接受，1993 年唐晓云老师新辟一个《青年教师名录》专栏，第一个隆重推出了我，于是我也算有点知名了。

1994 年我调入上海，"乡下人"进大城市，什么都新鲜，没有多久就去《语文学习》拜见诸位编辑，见到了唐晓云，方知道原来是位男老师，见到了德高望重的范守刚老师、和蔼可亲的韩焕昌老师、曾加乐老师，青春焕发的王为松老师，我虽然不善言辞，但他们给我创造了一个宽松的谈话环境。我们一见如故，很快就相熟了。这以后我常常参与《语文学习》组织的活动，也陆陆续续在杂志上发表了一些文章，但实话实说，这些稿子都没有当初那篇有影响力了。

后来范老师退休，唐晓云老师接过主编的活，新官上任，唐老师增设了《青春书架》等栏目，别出心裁请一线的语文老师当兼职编辑，我被邀请担任《青春书架》的特约主持人，一本正经地当起业余编辑来。唐老师对稿子的要求很严，我通过的，他未必满意，经常亲自操刀，不断斧正，有了这段经历，我才体会到做编辑其实不易，尤其是有责任感的编辑更是十分不易。

后来我和朋友们组织了一个民间语文教研团体——新语文圆桌论坛，每年搞一两次活动，《语文学习》的编辑们每次必来捧场。

想想与《语文学习》的交往也有近 20 年了，一些事，一些片断，好比树缝间漏下的一缕缕阳光，细细数来，颇有味道。

（此文发表在《语文学习》2009-10）

第三辑

观校读人

■ 走近冯恩洪校长

作为一个教师，能在冯恩洪校长领导下工作，是很幸运的；作为一个校长，能接冯恩洪校长的班，是很自豪的。我恰恰是这样一个幸运者，并一直引以为自豪。1998 年我曾经写过一篇文章，记录了我当时的真实想法，至今看来，历历在目。

第一次看见你的名字，是在《中国青年报》上，1987 年的某一天，头版头条，长篇新闻《合格＋特长＝建平人》。

第一次看见你的形象，是在 1994 年，同许多人一样，我是慕名而来，说得夸张一点，如同当年走向延安的知识青年。1993 年，《人民教育》以创刊以来最长的篇幅报道了你领导的建平中学整体教育改革——《跨世纪教育工程——记上海市建平中学整体教育改革》，1994 年《新华文摘》长篇转载。一时间全国基础教育界传诵着"建平·冯恩洪"这一闪亮的名字，一时间在许多青年教师心里涌动着加盟建平的念头。走近名人，有许多忐忑，有许多不安，有一些激动，有一些兴奋，毕竟是名人，名人头上有光环，既使人向往，又使人胆怯。你中等偏高的个儿，也许是操劳过度，人显得消瘦，背微微前倾，当你的手用力一握，别人掂出了你的分量，你的热情，你的襟怀，听着你略带鼻音的叙述，我和你作了第一次交流。许多年过后，40多位从外地加盟建平的教师有一个共同的感受：和你的第一次交谈就决定了下半辈子的去向，毫不动摇。也许这就是你的个人魅力，源自你的情感，源自你的思想，源自你的谈话艺术，源自你的真诚。

第一次参加建平教工大会，第一次聆听你的大会"训示"，没有令人生厌的空话套话，恰似一场精彩的报告，大背景，小环境，教育的理念，教学的艺术，纵横捭阖，侃侃而谈，听众的心潮，随着你的话语而起伏，有波峰，有浪谷，说到动情处，你哽咽了，害得多情的女教师眼里也噙着泪花，那么晶莹，那么明亮。这样的效果是你期望之中的，然而却是我们意料之外的，40多位外地教师来自40多所学校，无形中把原来的校长拿来作了比较和参照，往日的不可能，今日的现实，于是更坚信了自己的正确选择。

很多人敬重你，因为你深邃的教育思想。"合格加特长""规范加选择"无疑是你富有中国特色的教育思想的核心，"我们的学校不能把学生训练成应考机器，而要造就共和国高素质的公民"，你一再向老师们强调，"我们现在的教育是'补短教育'，要求学生每门功课都在85分以上，根本无视每个学生发展特长的要求，建平所做的就是要改'补短教育'为'扬长教育'，给学生以充分选择的余地"。说这话的时候，你显得有些激动，你的激动源于对中国教育现状的深层次的理性思考："什么是人才？建平有自己的人才观，合格＋特长＝建平人。让学生五育合格，学有所长。计划经济的情况下，造就了服从的一代，学生进入学校的第一件事是学会服从分配，不能选择。这是我们应有的教育模式吗？用'就犯'式的教育怎么能培养造就出会选择能创造的一代呢？"

于是你在建平下达了一系列指令：提供给学生选择的机会，允许学生在选修课范围内选择课程，允许学生在选修课的课程中选择教师，允许学生在必修课中选择进度；创造选择的氛围，创设一种和谐宽松的人际关系；扩大选择的范围，发展选择的能力。要求学生自主选择，家长参与选择，教师指导选择，管理保障选择。

这是一枚重磅炸弹，在建平校园里产生了极大的震撼力。其结果之一是激发了教师的潜能，学生有了选择的权利，意味着只有有魅力的教师才能吸引学生，于是教师的进修深造成了势所必然，成了自觉自愿。与之相关联的结果之二是，提高了学习质量，学生分散重组，因材施教。学生是有个性爱好的，他们的情趣不完全相同，素质也有差异，选择满足了不同人的不同需要，让人人都得到发展。传统的框架被打破了，建平园从此有了"特长三好生"，体育的、艺术的、学科竞赛的，"三好"不仅只有一种规格，也不仅是一年评选一次，而是随时涌现，随时评选，引导学生和谐发展，鼓励学生发展特长。其结果之三是学生在选择中最终学会选择，在选择中形成个性。

很多人佩服你，因为你有不同寻常的胆略，敢为天下先，这是许多人对你的一致赞誉。建平园有个硕大的金苹果。这个金苹果里藏着你的一个美丽的梦想，这个闪光的金苹果折射出你个性中的光芒。都说改革者是第一个吃螃蟹的人，可贵的就在于他的胆略，他的勇气。从你1985年走进建平校园，你走过的每一步，都不是平坦的，充满着矛盾，只要看准了，就大胆去做，义无反顾，这就是你的性格。

双语教学的实验成功，孕育了平和双语学校。为了在更大范围内实验双语教学，我们同信和房地产公司合作创办平和双语学校，其实实验双语教学只是目的之一，根本目的在于满足群众对优质教育的期望。在平和双语学校之前，我们与陆家嘴开发公司合作创办了国际职业培训中心，兼并了梅园中学，变为建平西校。在平和之后，我们与成浦集团合作创办了浦发中学，建平学生由一千七百人上升到八千人。数字的扩张意味着更多人享受到优质教育。其实迈出第一步也同样是艰难的。兼并薄弱学校，创办新学校，不仅是面上规模的扩大，更主要的是意味着建平的输出，意味着奉献，意味着建平暂时的牺牲，因为要输出我们的优秀管理人员、优秀的骨干教师。

作为一校之长的你又是怎么看待的呢？你向教师们提出了一连串的问题：

建平的录取比例是1∶38，听到如此悬殊的比例我们是应该惶恐不安，还是应该沾沾自喜？当人民群众希望子女享受优质教育，面对人民群众的这种强烈愿望，我们这些曾经宣誓为人民服务的共产党员，是"校门八字开，没有

高分莫进来"，还是让名牌学校走进人民大众？经济改革给
人民群众带来了实惠，教育改革要不要给人民带来实惠？
成倍地扩大招生人数，即使升学率从百分之百下降到百分
之九十，或者百分之八十，我们对社会的绝对贡献是大了，
还是小了？面对功在社会，弊在自己的事情，我们共产党
员是上，还是不上？……

　　面对这些沉甸甸的话语，教师们的血顿时热起来，认
同了你的选择，上！中国普教界第一个教育集团诞生。这
是在同一个教育思想指导下，按照相同的管理模式，具有
不同的实验方向，带有各自鲜明的个性色彩，高品质的教
育集团学校。建平西校在浦东新区初级中学质量普查中，
许多指标名列前茅；国际职业培训中心在浦东新区职校系
统教学比赛中，几乎囊括所有奖项；平和双语学校、浦发
中学仅招生录取率之高，在民办学校中无出其右者。

　　每年教师节、新年前夕，你是全校收到贺卡最多的老
师，因为你给同学们创造了期望之中、意料之外的欢乐，
你理解了孩子们，孩子们也爱上了你。建平学生最爱过的
是国庆节，每年 9 月 30 日都有一个贯穿爱国主义教育主题
的国庆节通宵晚会，把欢乐还给孩子，使同学们拥有一个
毕生难忘的学生时代，主题只有一个：爱国。形式多种多
样：1996 年国庆，每个班级布置一个省（市）的展台，介
绍该省（市）的人文地理，风俗人情；1997 年国庆，每个
班级隆重推出一个国优产品，宣传国货；1998 年国庆，我
们把赴九江附近抗洪抢险的高炮八旅官兵请到学校共庆国
庆，听战士们讲大坝的故事，听旅长讲抗洪抢险。通宵晚

会有一个长盛不衰的保留节目，那就是美食街，同学们开出"春来茶馆""咸亨酒店"……自己动手搭"店堂"，食品都是自己采购原料动手做的，入夜，美食街灯火通明，人流如潮，学生、教师、来宾涌向各家小吃铺，或品茗，或小酌，也有的买几个茶叶蛋，来一笼小包子，吃得津津有味，一个来建平实习的日本女博士兴致勃勃地做起日本小吃，还没上架，就一抢而空。眼见如此情景，你笑了，买了一个萝卜丝饼，忍不住问卖主：赚了，还是亏了？回答说：赚了十八元七角，不过来之不易。通宵晚会是你一手导演的一台寓教于乐的戏，整个校园沉浸在欢乐的海洋之中。难忘今宵是许多建平学子的共同感受。你曾语重心长地对老师们说："说实在的，我们中老年人怕通宵活动，但是我们不能根据我们的心态来组织校园生活节奏，而是应该按照青春的旋律来安排校园生活的节奏，教育者要用童心拥抱校园生活……"

1994 年，你代表建平中学收下了一个残疾孤儿巩昌，当时你向老师们说了这样一番话："收下巩昌当然体现了我们建平人的爱心，然而更重要的是让孩子们懂得爱，懂得输出爱，做一个善良的人。"这几年校内校外你不知捐了多少钱，现在建平校园有个爱心基金会，关注身边的希望工程，也关注校外的希望工程。1998 年暑假，你组织了 176 名教工考察长江三峡，途经奉节县，在你的倡议下，每人捐款四百元，共救助了 176 个失学儿童，一时间在当地传为佳话……

"爱自己的孩子是人，爱别人的孩子是神。"你一直念念不忘海峡对岸台湾同行的这句话，你期望建平的教师是最富于爱心的教师。

许多人羡慕你，也有人嫉妒你，因为你的机遇多，因为你太聪明，命运之神似乎总偏向你。你很顺利，30多岁被评上全国优秀班主任、上海市特级教师，现在的你是全国劳模、上海市优秀教师标兵、国务院特殊津贴获得者，全国几十种报刊、电台、电视台报道过你，报道过建平中学，甚至以建平中学教育改革为背景拍成电影故事片《世纪桥下》，美英两国电视媒体也相继采访报道了你，报道了建平中学……

风光的背后是机敏的大脑和辛勤的汗水，人们总爱看到前者，而忽略后者。浦东开发开放给每所学校提供了相同的条件，而你引进人才最多，质量最高，江苏省的特级教师来了，江西省的十佳青年教师来了，浙江省的全国优质课第一名获得者来了，安徽省的全国劳模来了……为了建立一支高素质的教工队伍，你大量引进教育人才，你的理念是杂交出优质。国家教育部校长培训中心地处上海，并不紧靠建平，但只有建平投资30万元，把专家教授请到建平，办起"双休日未来教育家学校"，36名骨干教师攻读研究生课程，还有10多位教师在华东师大、上海师大攻读研究生课程，把教师领到教育科学研究的最前沿。近两三年上海一批优秀校长、特级教师相继退休，但只有你振臂一挥，集中18位特级教师，成立了"东方教育管理咨询中心"，建成了人才资源高地。好心人为你担心，为建平担心，冯恩洪之后建平怎么办？你是聪明的，早有考虑，集中建平管理经验的精华，20多万字的《建平中学教育管理手册》出版，1997年11月，你提拔35岁左右的青年骨干到校级领导岗位上来，为建平新世纪的腾飞作好充分准备。

你其实是一个性情中人，你感情丰富炽热而外露。1997年春夏之交，围绕中美合作建立的建平二十一世纪高级中学，风波骤起，一时间铺天盖地，什么脏水都往你身上泼，你强忍着，强忍着心头的委屈和愤怒，当上级领导向你宣布调查的结论——你是清楚的、清白的，这一刻你终于按捺不住，毅然决然提出辞职，要辞去建平中学校长的职务。

后来你终于没能走成，这当然与上级领导多次做工作有关，然而最使你动心的是建平教工挽留你的话语，语言恳切，情不自禁，教代会71名代表推举校长，70名写着你的名字，只有一人弃权。你留下来了，留在建平，因为老师们打动了你，因为你是一个性情中人，是一条有热血心肠的汉子。

建平出名了，且名声很响，远及海内外，但建平名在何处？魂在哪里？有人追问，有人追寻。有人抓住了"合格加特长"，于是炮制出"优良加专长"，有模有样地做起来了。有人抓住了金苹果，于是在自己学校里做了一个比建平园的金苹果更大的金苹果。

其实从某种意义上说是你的性格铸造了建平之魂，你的不断追求、不断超越的个性塑造了建平这种努力适应变化了的国际国内形势、不断超越自我的有生命的教育。其核心就在于三个主动服务：主动服务于上海经济的可持续发展，主动服务于受教育者全面、生动、活泼的发展，主动服务于人民大众对子女享受优质教育的合理愿望。

走到今天这一步很不容易，朋友们都由衷地希望你继续走好，往后的路其实更不易走好，路，越走越艰难。你拥有太多的成功，太多的成功可以激发你不断超越，但也往往容易使人忽略失败，忽略失败或许就会酝酿失败。你拥有太多的荣誉，太多的荣誉可以使你充满自信，然而也往往容易使人自视甚高或自命不凡，其实自视甚高、自命不凡与自信仅一纸之隔，自命不凡往往听不见异样的声音。你拥有太多的事情，太多的事务使你生活充实，然而太多的事务缠绕你，分身乏术，容易使你失去应有的沉着和从容，失去深思熟虑，从而容易使你蜻蜓点水，使你浮躁。

正像你拥有太多的鲜花一样，你拥有太多的朋友，太多的朋友能助你一臂之力，但太多的朋友也容易使你难辨真伪，容易使你忽略友情，得罪了不该得罪的人，一不小心也可能推你至不测之渊。你拥有太多的权力，太多的权力能使你实现个人意志，成就事业，实现人生价值，但太多的权力也容易给你带来获取个人利益的机会，无形之中给你在义利之间增加了选择的次数和选择的难度。

中国的改革功德圆满的不多，多有成功的开始，鲜见辉煌的结束。你属于人才，难得的那种人才，为了你，也为了中国教育，恩洪校长，我们期望也相信你一定能有美好的未来……

（此文发表在《未来教育家》2015-7 增刊）

刘彭芝与做的文化

"空谈误国，实干兴邦"，其实教育也是这样。现在常常听到这个思想，那个理念，在我看来，基础教育其实是很朴实的，不需要那么多时尚思想，也不需要那么多时髦理论。好的教育都是做出来的，好的学校都是校长带着教师苦干出来的，优秀、卓越总是与辛苦分不开。

今天国内高中最牛的学校，当数北京的人大附中。牛在哪里？可以用一句话概括：全面发展，空前辉煌。

从创新人才培养的角度而言，在英特尔国际科学与工程大赛，在全国青少年科技创新大赛，在明天小小科学家评选等活动中，人大附中获奖级别之高、数量之多、科类之全，无论国际国内都属罕见。

从高考成绩的角度而言，学校多年在北京市名列榜首，成为北大、清华等国内重点大学的重要生源校。每年有数十名学生被剑桥、哈佛、麻省理工等世界名校录取。

从学生的体育成绩看，人大附中"三高"足球队很有名气，无论是女子足球队还是男子足球队，都取得了很多的成绩。获"挪威杯"世界青少年足球锦标赛冠军、亚军；

获世界中学生足球锦标赛女子组冠军和男子组亚军；等等。人大附中的国际象棋队、围棋队以及桥牌队，多次获得世界中学生团体赛冠军。他们的健美操队获得了世界健美操青少年冠军赛的冠军。

从学校的艺术成绩看，人大附中的艺术团，包括交响乐团、合唱团、舞蹈团、行进乐团、电子轻音乐团、武术队、健美操等等，交响乐团在第 35 届维也纳国际音乐节上获得了交响乐组金奖第一名。他们的舞蹈团和合唱团多次获得全国中小学生艺术展演一等奖。艺术团连续八年分赴美国、俄罗斯等国家交流演出，取得了轰动的效应。

从学校的课程建设看，人大附中选修课包括自然科学、社会科学、综合实践活动、体育与艺术领域的 150 多门课程。研究性课程做得非常好，他们还开设了包括法、德、日、韩、俄、荷兰、西班牙、意大利、阿拉伯、芬兰等国 10 种语言的第二外语课，这在中国学校中是罕见的。

学校的科研成绩也非常显著，承担了几十项国家级和北京市以及海淀区的科研课题。承担了"十五"重大科技攻关计划，成为全国范围内唯一中标的中学。其科研成果获得国家科技进步二等奖。

人大附中的辐射影响面之广、之大也非常显著，人大附中和延庆的永宁中学、农大附中等学校手拉手，与河南新密、宁夏六盘山共享优质教育资源，人大附中兼并周边的薄弱学校委托管理，与北航附中深度共建。受海淀区、朝阳区、丰台区政府委托建立了人大附中西山学校、人大附中朝阳学校、人大附中丰台学校。这意味着有一大批优秀的干部要被派出去，这对一所学校来讲是非常不容易的。建设优秀管理团队，形成联合办学机制，有效地扩大了人大附中优质教育资源的覆盖面。这些工作不是分内工作，而是一份责任，一份担当。

学校的校长培训、教师培训也做得非常出色，它联合全国一百所优质中学，创建了"国家基础教育资源共享共建联盟"，创办了"中国基础教育卓越校长和卓越教师培养基地"，投标承办了"国培"计划——中小学骨干教师研修项目人大附中高中数学班、高中语文班和高中通用技术班。

何以如此辉煌？我的理解是"做的文化"。这一切的一切都是做出来的，不是说出来的，也不是写出来的。

人大附中所拥有的一切的核心是什么？就是做。少说废话，少说空话，实实在在地去做，"做"的目标——全面第一；"做"的方法——知难而进；"做"的程度——不遗余力；"做"的风格——务实到底；"做"的效果——空前优异。我们用五个概念来形容，但是这背后有多少汗水、多少不眠之夜、多少辛劳、多少委屈，只有当事人自己知道。这中间当然会有争议，全面争创第一毫无疑问也会有抢占优生资源的嫌疑，但我以为做总比不做好。

"做"的目标：全面第一。刘彭芝校长曾说过："校长就应该有干事的冲动，要有成功的渴望，要不断提出新的奋斗目标。一个想干事、会干事、能干成事的校长，是一个充满激情的校长。"我的理解是，只要是刘校长看上的，它一定就会成为人大附中的工作目标。

"做"的方法：知难而进。办好一所学校已经非常不容易，提高高考升学率就可以了，这是我们当下许多学校所追求的。但是人大附中不是这样的，它承担了学校以外的许多工作和责任。再次引述刘彭芝校长的语录："我不能像为了回避红灯而绕道行驶的车，也不能像鸵鸟钻沙一样藏藏躲躲，而是敢于直面前方的路，勇敢地踏上去，冲上去，哪管举步艰难，摸索前进。"什么是改革？什么是创新？所谓的改革和创新一定是对当下的规范有所冲撞，也就是说会伴随着许多误解、许多委屈、许多冷言碎语，但是刘校长非常清晰，直面前方的路，"摸石头于前而过河于后，动作于前而理念于后"。

"做"的程度：不遗余力。为了把工作做好，刘校长全部的精力都用在了工作上。刘校长有一句名言"一具体就深入"，从学校的研究性课程我们可以看出来，从学校的课堂改革中也可以看出来，一具体就深入。刘彭芝说："事前出思路，做计划，定目标，事后检查抓落实，并反复强调。"关键在反复强调。"抓而不实，等于不抓。"你要做吗？要做就做到底，做到底就会出优异成绩，所以优异成绩都是不遗余力做出来的。"抓落实，就是务实的重要体现，是当好校长的重要条件。"

"做"的风格：务实到底。刘校长的话是这样说的："当校长，作风要务实，工作要扎实。"其中有几个"实"："有实心，明实理，讲实话，办实事，求实效，立实功。"一个数学特级教师出身的校长，在我们面前出现了。务实到底，只有到底才能把事情做好，只有到底才能真正出优异成绩，出辉煌成绩。

刘彭芝校长这样做的意义在哪里？今天，教育改革像经济改革一样进入深水区，所谓深水区就是好做的、容易做的都做了，剩下的就是难度大、风险不小的，触及许多人根本利益的，都是牵一发而动全身的问题，这需要什么？需要教育家的豪迈魄力。

在深水区前，在这样复杂的境况前，我们退一步可不可以？绕开可不可以？不做可不可以？很多人现在即是这样的，所谓退一步海阔天空，无论是校长也罢，官员也罢，在做这样的选择题的时候，总是避难就易。什么是教育家？教育家要有教育家的责任情怀，教育家要有教育家的胆略气魄，在艰难困境中才能真正显出教育家的英雄本色。

一般人的做法是，生怕因为改革触及别人的利益，生怕进行改革带来很多不必要的麻烦。于是，我们左顾右盼，我们权衡再三，我们研究一下再考虑，我们留给下一代去做，我们都可以选择这样的做法。结果是什么呢？结果是大好时机，一再错过；结果是改革因此被耽误；结果是矛盾重重，下一代更难解决；退一步并没有海阔天空。

教育家的做法是什么？在别人不敢做的时候大胆去尝试，本着对事业高度负责的态度大胆拍板。拍板意味着承担很多事情，承担不该承担的事情，意味着许多的不理解、困难和烦恼。勇敢去实践，抓住历史性的机遇，豪迈而勇敢地迈出坚实的步伐。为什么？不这样，课改无以深入。纸上谈兵不去做，一切空话都是假的。不如此，难题无以破解；不如此，学校无以前行；不如此，教育无以发展。

（此文发表在《校长》2013-8）

给家长一个平台，还学校一个精彩

——王伟航的家校合作纪实

把学校打开，其中一个重要的含义就是向家长开放。上海市实验学校东校王伟航校长有其独特的做法。

庄严的宣誓，神圣的使命

时间：教师节刚过，国庆节还没有来，这是一个热情洋溢的季节，这是一个容易让人冲动振奋的时节。

人物：一群成年人，大多是妈妈级的人物。

地点：上海市实验学校东校，一间硕大的会议室。

事件：一场没有硝烟却异常激烈的竞选活动，竞选对象是庄严神圣的家长委员会委员。胜选的家长举起了右手向在场的几百位家长和教师庄严宣誓："身负重托，无私代言，处事为公，协调为先。做好家长与学校沟通的管道，搭好学校与家长互动的平台。关爱学生群体，关心全面发展。参与学校管理，监督教学规范。不怕辛苦，乐于付出，以先进的理念把东校家委会办成与国际接轨的优秀社团。"

这是上海市实验学校东校一年一度的常态场景，其实它只是整个竞选过程的一个重要定格。在此之前是先在班级中产生班级家委会，由班级到年级再到学校逐级民主直选产生各级家委会代表。通过直选产生的家委会成员更代表民意，更能有组织地就学生教育问题与学校各级组织平等对话，协商解决问题。

初衷在哪里？

2004 年，上海市实验学校东校建校。学校坐落在上海市一个著名的国际化社区，同时也是一个生源竞争异常激烈的社区，这对于一所新生的九年制义务教育公办学校来说，是一个严峻挑战。果然，第一年招生，实验东校两个年级总共只招到 32 名学生。面对严酷的形势，是关门，还是被兼并？校长王玮航和全体教师选择了在夹缝中求生存和发展。

怎么生存？怎么发展？既然坐落在拥有众多优质教育资源的社区，就必须充分借助这个社区的优质资源，把门打开，把人请进来。学校开办之初，王玮航校长就和老师们达成了一种共识：现代学校的发展必须从主观封闭走向民主开放，学校所在社区呈现国际化态势，家长们具有强烈的民主意识和参与意识，对学校教育的知情权、参与权、监督权、问责权等都非常关注。只有构建民主开放的家校合作机制，让家长以一种合理的方式参与学校教育，参与学校管理，实现学校家庭社区联动，才能获得家长、社区的关心与支持，也才能赢得学校的生存和发展。

于是，学校决定打开校门，把家长请进来，办学第一年就成立了上海市实验学校东校家长委员会。

要使学校的教育服务理念和家长民主参与得到长期有效的执行，最重要的是要有制度的规范和伴行。家长只有和学校拥有平等交流的地位，才有可能实现真正意义上的"合力"办学。家委会是一个高度自治、能代表全校广大学生和家长、认真履行教育民主权力、合作共商的组织。第一年成立家长联合会后，《上海市实验学校东校家长联合会章程》便应运而生，以学校制度的方式明确了家长享有知情权、发言权、参与权、隐私权、决定权等，作为教师和学校，都应当予以尊重。

……

短短的八年时间，对于上海市实验学校东校来说，是飞速跨越的八年。八年磨砺，实验东校从原先两个年级 32 名学生，发展到今天的 2050 名学生，成了浦东新区基础教育中的优质教育窗口之一，成为一所拥有较高的社会知名度和社区满意度的学校，它的成功之处值得借鉴。

家长委员会是什么？他们干什么？

王玮航校长告诉我们，就东校的家委会来说，它是一个由全体家长分层直选产生的组织，直选代表了众多家长的权力委托。

家委会的家长们，牢记誓言与全体家长的嘱托，以服务全体学生为己任，在《家委会委员行为指导》的规范下自律、有效地开展各项工作，彰显了较高的素质。创造性地建立起了家委会秘书长负责下的常设机构，每周两个半天的工作日来校坐班。学校专门设立了学校家委会办公室，接待家长来访，处理家校日常工作事宜，雷打不动；实行财务通报制度，科学支配由家委会募集来的包括奖学金、帮困基金、活动基金和备用基金等爱心基金，并合理使用，使之发挥最大效益，为每一个学生服务。

午餐质量听证会——管伙食

5月20日，中国学生营养日。在上海市实验学校东校的会议室里，一场别开生面的听证会开了整整一下午，讨论的话题是学生午饭。

一位家委会成员拿出一份本校学生午餐情况的调查报告，该调查抽取了该校一、三、七、八年级各两个班的全体学生作为样本，调查涉及班级的饭菜总重量、饭后回收剩余饭菜重量以及由此匡算出来的人均使用饭菜重量。家长以调查结果的数据为依据，连珠炮式地抛出一系列问题，要求供餐公司改进午餐质量。同时，家委会还酝酿了一整套营养午餐干预机制，从开展学生食品营养教育入手，直至在学校选择供餐公司方面争取发言权。

王玮航认为，这是一次有意义的听证会，也是家委会参与学校管理一个很好的开始。此后，家委会就有两名精通儿童营养的委员专门负责对学生伙食的监管，每周营养午餐配置由她们认可签字。委员们可不定期直接到食堂检查饭菜质量，监督卫生情况，以履行家长赋予的工作职责。

家校之间的沟通桥梁——管安全

一次，学校突遇学生体育课内意外猝死的紧急事件，家校共商机制的有效运作使事态发展与善后处理工作得以顺利开展。学校第一时间告知全体家委会成员事情发生经过与抢救医治情况，以防谣言干扰；在学校成立事故处理小组的同时，家委会也成立相关小组，派专员 24 小时安抚家属，从心理上帮助家属渡过难关，并以第三方身份参与当事家长与校方的调解，对事件的解决起了举足轻重的作用。此后，这个案例成了学校处理类似事件重要的经验依据。

学校围绕当时各地出现的一些中学生不珍惜自身生命的事件，组织了以"关爱生命，关注成长"为主题的家长、学生、教师三方论坛。论坛以谈话的形式，选择发生在家长、学生、教师之间的一件涉及生命与成长的实事，让家长、学生和教师在讲坛上畅谈自己对生命的感悟和对成长的瞩望。在论坛上，家长直抒胸臆，教师一展胸怀，孩子也畅所欲言，彼此之间有了很好的沟通和理解。

家长是学校教育的重要资源——参与教学

实验东校在家长、社区的支持下，开展了多方面的拓展课程建设。学校提出的"生命、生活、生态"主题课程，需要大量社会资源的注入。于是，学校先从家长资源库征询反馈单中挖掘出家长的课程资源，请家长或走进学校，当回教师，根据自己的专业特长进行授课，让学生、教师不出校门体验各行各业的工作特点与丰富的工作内容；或提供给学生开展社会实践、半日考察的场所，让孩子走出校园，开阔眼界、增长知识。

半日营社会考察活动以家长的工作单位或家长熟悉的社会场所为考察地，由家委会和班主任共同商议活动方案，让学生在考察中接触社会，体验了父母的工作环境。通用汽车、家乐福物流、商务印刷所、张江科技园区等都成为了孩子们的第二课堂。在活动中，家长和教师一起带学生参观、体验，为孩子们拓展课外知识搭建了舞台。而今半日营考察已成为实验东校每学期都要开展的特色课程。

实验东校的英语角实施四年来，形成了一支稳定的英语角志愿者队伍，队伍成员有英语老师和家长，目前已有60名义工，分设校家委会负责人和各年级负责人，协同英语组教师组织管理。每学期都制订详尽的英语角活动方案、岗位职责、各年级分工；分别以文本和照片形式记录每周活动信息，上传至公共邮箱；每学期举办英语角志愿者沙龙，交流分享经验；通过新闻媒体，对英语角的策划、组织、内容等作深度报道。

2009学年，英语组的老师和家长义工、学生义工策划、组织了"国际文化月"系列活动，结合世博会的举办，以"世界文化月"为主题，围绕异国风光、经典节日、传统文

体、美食服饰四个话题，带领同学们感受各个国家的风土
人情。每月的第一期为国家文化讲座，第二、三、四期按
年级在各个地点开展学生、志愿者之间的交流，让同学们
近距离接触其他国家的文化，体验英语语言的魅力。

随着英语角义工队伍的不断完善、壮大，图书馆义工、
故事会义工也应运而生。英语角里的爷爷、图书馆义工中
的奶奶、故事宣讲中的妈妈，都成了教师育人的同盟，教
育者的队伍越来越壮大。

家长是学校活动的重要帮手——促成了生动活泼的校园文化

实验东校第五届爱心节上，由王玮航校长指挥、家长
合唱团演唱的《同唱一首歌》深深地折服了全场，父母嘹
亮的歌声成为东校孩子心中的骄傲。这是合唱团家长半年
来每周日下午精心排练、坚持不懈的成果。记得合唱团领
队（家委会成员）在倡议书上写道：唱歌不是目的，让孩
子们学会享受生活、拥有人生小乐趣才是父母放歌的缘由；
表演不是目的，让孩子们知道认真投入可以创造奇迹才是
父母的动力；聚会不是目的，给孩子们留下童年众多家庭
共同分享欢乐的永恒记忆画面才是父母的心礼。

健康快乐幸福的家庭理念、家校联手打造和谐教育生
态环境的目标将会伴随合唱团的歌声发出最美的共鸣。

王玮航校长说：家长合唱团，是家长自发组织的社团，
它融洽家校关系、师生关系、校社关系；它传递学校教育
生态理念，为孩子们营造一个健康成长的环境，为家庭教

育提供分享经验的平台，提供年级各异的孩子的家长相互交流的机会，便于相互教育，提高家庭教育的水平；它丰富家长精神生活，提升艺术修养，进而影响家庭，反哺儿童，最终让儿童受益，也实现学校全人教育的理念。

实验东校家长合唱团正在努力，通过两年时间将自身打造成上海一流的社区合唱团。学校的五大节日活动：爱心节、读书节、体育节、科技节、艺术节是德育工作的亮点内容，是对学生进行思想道德、人格品质、体育美育教育的重要途径，这些活动的开展都离不开家校的通力合作。

家长与教师共话教育——促进教师专业提升

家校合作工作的推进，使教师越来越愿意与家长共同商议孩子成长中的各类问题，教师在教育教学中遇到问题，也会第一时间与家长沟通，争取赢得家长的支持。

一天，当教师打开学校内网时，发现事务部孟主任将一位家长的短信和他推荐的一篇如何开展男孩教育的文章发给了大家，引发了许多教师的思考与交流。不少教师在网上跟帖，一位教师发帖说，真的感谢这位家长，原来男孩和女孩之间有这么多不同。今后对男孩的研究要从生理、心理几方面入手，多一点耐心和强烈的责任感。

王玮航校长说，家长来信是个宝，让我们看到了家长对教育的诉求，也使我们有了更清晰的服务思路。学校每学期开展的家长开放日、学校服务质量家长问卷调查，让家长对学校教育的满意程度充分发表意见和建议，全面参与对学校工作、任课教师的评价，从而促进教师的发展。

家校共商机制的运作还体现在共同商议妥善处理教育教学质量投诉的问题上。如某班学生对某位任课教师教学的学科无兴趣，出现了课堂纪律涣散的教学状况，家长可通过校园网络平台投诉该老师。家委会与学校校务办迅速成立矛盾处理小组，行使督办作用。一方面，利用家长资源给这个班级的学生开设讲座，介绍这门学科的特点和学习意义，让学生大受启发；另一方面，建设性地提出一整套改善课堂局面、恢复教师在学生心目中的良好形象的意见，帮助教师克服困难，及时解决冲突。

是助手，还是对立面——家校之间也有矛盾

家长和学校之间也有认识上的差异，有时学校认可的，家长未必认可。当学校赋予家委会较大权力时，家长不理解时就会行使否决权，这时，学校就必须花费一定的时间做工作。有时家长要做的，学校也未必认可。比如，学校在大力推行素质教育的过程中发现，还是有不少家长采用给孩子补课等方式片面追求分数，还有的家长甚至要求学校利用双休日、假期给学生补课。为此，校方采用家长学校、家长会等家校交流活动方式，讲道理，谈教育为学生讲长远利益负责的基本理念，引导家长转变教育观念和行为。

家长们有时开玩笑说，实验东校事实上给自己找了一个对立面。而学校坚持认为，学校是给自己找了一个助手，甚至是一个进步的梯子。家长来自各行各业，因为子女教

育走到一起，会迸发出无限的潜能和力量，如果能按照"预设、召集、共商、实施、反馈"的家委会工作流程监督、指导学校的"教育服务"，其正向能量一定很大。

七年弹指一挥间，首批学生早已毕业和继续深造，但他们的家长却不愿意离开这所学校，学生本人还继续关注这所学校，实验东校的家委会主动成立了关心实验东校家委会组织，设置"荣誉家长"称号，给继续关心学校、愿意参与学校建设的家长不断发挥作用的"理由和名分"。这个没有工资只有付出的"上海市实验学校东校家委会"及相关各类"组织"，发自于社区、乡野，却形成了关爱东校、呵护东校成长的强大的社会动员力、行动力。

引进家长资源，开展家校合作，东校让每个孩子的发展受到了更多的关注与帮助。每学期东校家长、社区满意度调查资料显示，满意度一直保持96%以上，家校合作、学子受益，共筑辉煌的局面已经形成。

给家长一个平台，还学校一个精彩，给社会一个惊喜！

（注：本文材料主要来自实验东校和对学校相关人士的采访，经校方审阅认可。此文发表在《中国教育报》2012年7月17日，发表时有删节，题目改为"家长，是助手还是学校的对手"。）

■ 于细微之处见文化

——杨正家与三林北校

走进上海市浦东新区三林北校，你会看到这所学校不一样的地方。学校的空地上，老师和学生种了很多蔬菜，生菜、空心菜、西红柿、黄瓜、茄子；养了很多兔子，有黑的、白的、花的。我看到师生脸上洋溢着一种快乐、幸福的表情。学校的校长杨正家告诉我：这是学校的BAS课程，也是学校的文化。

学校文化在哪里？学校文化就在学校的每一寸土地中，就在学校的所有教育环节中，就在教师的言语行为中，就在孩子们的感受和表情中。于细微之处见精神，于细微之处见文化。走进三林北校、走进学校的会议室，就能感受到学校的文化，会议桌完全是"本色"的，窗户完全是江南乡间民居的样子，老师们坐的凳子也是浦东乡下的木头凳子，文化就在点点滴滴的校园生活中，这其实就是学校朴实的文化。

三林北校的BAS课程是一种非学科化的课程，它还原了生活本来的特色和状态。这个过程中，孩子去看了、去种了、去喂养了、去想了、去参与了，去体验了。他们观察了蔬菜的生长过程，如何破土而出，如何逐渐长大，如何结出果实；他们观察了兔子的生活规律，在饲养小兔子的过程中培植了孩子们的细心、耐心以及柔软之心。这就是意义所在，这就是价值所在。很重要的一点是：这就是生活、这就是乐趣，这就是老师和孩子们一起看到的生活中非常有意思的东西。教育其实就应该是这个样子的，就应该有这些看似无用之用的东西。今天的教育太功利化了，功利到我们只要升学、只要分数，只要所谓有用的东西。在这样的背景下，我们置其他一切事物于不顾，有道是"追鹿的猎人是看不到山的，打鱼的渔夫是看不见海的"，过于功利的目的遮蔽了人们审美的视角，就是站在美的事物面前也发现不了美，这是何其悲哀的事情！教育也是这样，只有分数的教育导致孩子缺乏审美的眼睛，感受不到自然的美、生活的美，久而久之人格也变得不健全。

既然是非学科化的课程，就要生活化；既然要生活化，就不要太程式化，就不要太拔高，不要让孩子动不动就上升到所谓的人生哲理高度来谈这件生活的小事。不要用成人的那种蹩脚的套路去套学生，这样套的结果就是把孩子的个性化思维格式化，孩子失去了原本属于他们的童真、童趣和孩童的思维。只要孩子们感受到生活中有令人兴味盎然的细节、多姿多彩的事物，只要他们感受到生活中有这种生命在发芽、在成长、在壮大、在结果实，并体验到这些，就足够了。教育除了分数还有很重要的东西，学校除了升学率还有很重要的东西，这就是那些看似无用的东西，那些令人感到特别有趣的、有味的、很好玩、很美的东西。我们应该回归生活的本体、回归教育的本真状态，让老师和孩子获得一种非常有意思的体验。无需再给予什么哲理性的分析，就像法布尔所观察描写的小动物那样，只要把那个过程描述出来就很不错了。

三林北校与其他学校不一样的地方还在于学校有自己的一种教研活动方式，那就是"微论文"写作。微论文切入口小，无需长篇大论，无需耗费大量的时间，针对问题，就事论事，解决问题，切合实际，以师生共享的课堂作为研究实践的主要对象，反思教学过程中的问题，探讨明天的课如何上得更好，探讨如何让孩子们更喜欢学校、更喜欢学习。微论文的写作，好比打开了一扇教学研究的大门，让教师们从教学研究的门外走到了门内。教师的研修根本上要靠自己，外在的东西对教师也会产生影响，但这个影响是很有限的，关键是教师内里的东西，这个内里的东西主要是对教育的态度。把所有的精力、爱好、情感都投入到这个事业上，这是教师应有的一种境界。

如果把一个个教师们所做的一篇篇微论文聚合起来，分门别类，日积月累，将是十分可观的，肯定就是一个很有影响的大课题，肯定就是一部具有原创性、带有泥土芬芳的教育著作，肯定就是一部充满校园花香的教育史诗。要紧的是坚持，要紧的是持之以恒，要紧的是永不放弃！

（此文发表在《教育发展研究》2012-12）

一所农村中学的化蛹成蝶路

——罗羽忠与合庆中学

一所原本名不见经传的农村中学，几年之前，学生进了这所学校，要想方设法转学或借读到其他有点名气的学校；教师进了这所学校，也是灰头土脸看不到多少希望。但是自从换了一个生物教师出身的校长之后，经过三五年用心经营，学校竟发生了由外而内的变化。为什么？

因为学校找到了自己的生长点、突破口和杠杆，教师的积极性上来了，学生的学习热情调动起来了，师生久违的自信心也找回来了，奇迹就此发生。

听说上海浦东新区合庆中学生态教育搞得有声有色，学生养了各种各样的蝴蝶，还养了孔雀，学校有许多有关动物、植物的故事……

我决定前去一睹究竟。沿浦东龙阳路，向东，再向东，坐落在东海边的合庆中学就矗立在眼前。整洁的校园，新式的建筑，看上去丝毫不觉得是一所农村中学。校长罗羽忠，一个生物教师出身的校长，领我参观了学校。

学校一号楼底楼走廊是一条以"自然生态与人类生活"为主题的生态科普廊，以灯箱版面、实物展示框、手绘墙和多媒体互动等形式对学生进行生态科普知识宣传。手绘墙是学生以"我的生态世界"为主题自主创作的绘画墙，从中体现了人与自然和谐发展的生态校园内涵。每走一步，都呈现不同的视觉效果和生态意境，让观者在了解自然生态有机结合的同时，又仿佛置身于真实情境之中。

走廊的左边是一座生态昆虫馆，推开门是一个模拟原始森林环境下的昆虫世界，从地面"草坪"到顶面"密林"，从灯光布局到背景音乐，从景观造型到整体设计，都围绕昆虫家园主题展开，学生徜徉其间，尽情欣赏自然界的美丽，汲取着丰富的生物知识。馆内还留有大量知识空白点，学生可以登录校园网，进一步学习和参与创建完善网上"生态昆虫馆"内容。

走廊的右边是生态活动室。生态活动室是生态教育校本课程实施的主要场所，配置了学校教师自己设计的操作、展示两用台。学生在这里自己动手制作各类昆虫标本及延伸作品，进一步品味蝴蝶带来的乐趣，既是生物学习，也是审美教育。

校园东南角利用学校原校办厂旧址建造了一个生态实践园，由网式大棚和温控实验室组成。园内有鸟类养殖区、生态水域区、蝴蝶孵化温控实验室和蝴蝶生活区等。生态实践园形成一个循环的生态系统，是学生们开展动手操作、实验探究而经常乐而忘返的"百草园"。

据了解，学校还成立了生态教育教研组，校长罗羽忠是成员之一，他与教师们一起探讨生态教育的教学研究，共同审定生态校本课程。学校形成了以生态教育为主题、从课程方案到考核评价等都较为完整的特色课程，编写了《生态教育通用读本》《走进昆虫世界》《孔雀的养殖》《蝴蝶的养殖》《水的净化》《室内观叶植物的装饰与养护》等十几门生态教育校本教材。罗校长和生态教研组的教师指导学生进行了十多项生态科技小实验，带着学生定期到附近的苏州西山、杭州东天目山等地实地考察，了解当地生态保护情况，开展标本采集活动；学生还运用学到的知识技能到浦东一些绿地和农庄进行生态实习，投身实践，服务社会。

学校聘请上海市一些生态学研究专家和教授定期给师生作专题讲座，参与生态教育教研组活动，少年宫的教师和青少年科技创新指导专家每周到校兼课，直接指导学生进行生态实验。

学生在教师的指导下成立了名目繁多的生态社团，基于生态实践园成立的十几个学生社团个个都有实验课题。其中，"孔雀养殖和小孔雀的孵化实验"获上海市"宝山杯"创新大赛一等奖，"玉带凤蝶和丝带凤蝶过冬蛹人工孵化实验"获上海市创新大赛二等奖。"东天目山盛夏灯诱蛾类调查"小论文获28届浦东新区青少年科技创新大赛二等奖。

合庆中学的生态教育以其前瞻性的教育理念，较好地处理了人、教育与环境的互动关系，成为学校发展新的生长点，也由此带动了学校教育教学质量的全面提升，成为全区提升最快的学校之一。学校找到了自己的生长点、突破口和杠杆，教师的积极性调动起来了，学生的学习热情也高涨起来，师生久违的自信心又重新找了回来，奇迹就此诞生！

一个美好的理念，在一个热爱自然、充满生物学科情怀的罗校长手中，变成了心向往之的教育现实，几乎出乎大多数人的意料，一所名不见经传的农村学校因此一下子脱颖而出。

目前，罗校长正计划与当地镇政府合作，筹建合庆地区生态体验坊。合庆地处海滩、湿地、乡村等独特的地理环境中，生态特点鲜明，合庆镇作为新农村建设示范镇，近几年十分重视生态建设。学校计划与镇里合作，运用现代数码技术展示合庆生态的过去、现在和未来，让学生在认识家乡、亲近自然中进一步激发对自然科学的探究精神，激发学生的学习兴趣、愿望和潜能，在社会实践中提高交流与合作能力，增强社会责任感和服务意识。

写在结束之前的话：

调研归来，让我倍生感慨，这是一所原本名不见经传的农村中学，它的高中不是区示范性高中，它的初中也不是什么素质教育示范校，几年前还不被人们看好。但是自从换了一个生物教师出身的校长之后，经过三五年的用心经营，学校就发生了由外而内的变化，让人刮目相看！

罗羽忠不是什么名校长，也没有多少荣誉称号，不是硕士、博士，生物高级教师才刚刚评上。是什么原因使学校发生了这么大的变化？我以为重要的原因就在于他们找到了契合学校发展实际的切入点。要改变学校，改变学生，就要从改变教师做起；要改变教师，就应该从改变教师的精神风貌做起。而要改变这一切，就应该让教师看到希望，让他们相信，农村学校也能脱颖而出，农村学生也能频频获奖。素质教育不是仅有吹拉弹唱，素质教育一定要在学科当中有所体现。不能和重点中学比升学率，不能和大牌学校比大学科，但是农村中学也有自身的潜在优势。农村有鸟语花香，有蜂飞蝶舞，有田园蔬菜，有广阔天地。从生物学科入手，作一篇学校发展的精彩文章，合庆中学的实践告诉我们，这是完全有可能的，这样做符合教育规律，也符合学校各展其长、各尽其美的生态发展规律。

（此文发表在《中国教育报》2013-3-27［5］）

第四辑

／读书读人／

■ 跨越世纪的辉煌

——读《于漪文集》

　　我曾经非常认真地研究过于漪老师的语文课堂教学，在研究的过程中，越是钻研，越是感到其博大精深，越是由衷地叹服。我在《于漪语文课堂教学风格谱系》一文中说过："一个语文教师穷其一生的探索实践，能够形成自己的教学风格，已属不易；而一个语文教师在其语文教学生涯中能形成多种风格，且游刃有余、出神入化，更属难能可贵。于漪就是当代语文教坛中难得的一位兼具多种风格的语文教师。"这些话语反映了我的真实想法。2001 年秋正逢于漪老师从教 50 周年，举行大型活动，会上山东教育出版社赶印出来的《于漪文集》非常及时地送到大会，于漪老师当时送了我一套，使我有幸成为第一批读到此书的读者之一。于老师在扉页上写着："红兵同志：这是过去的脚印，充满了幼稚、不足与缺陷。审视，借鉴，跨越过去，创造辉煌。"抚摩着精美的书籍，看着这几句话，我读出了于漪老师对语文教育事业的拳拳之心，对青年语文教师一代人的殷殷期待，怎不令人感动！

于漪老师以其高尚的人格，渊博的学识，深刻的思想，丰富的教学实践，以及从教 50 年的心血，写就了这样一部六卷本长达 254 万字的皇皇巨著——《于漪文集》。

《于漪文集》反映了于漪老师对语文教育的理论思考，其中有关于国家教育法规的研究，也有关于邓小平教育理论的研究；有关于基础教育的宏观研究，关于语文学科的微观研究；有关于语文学科性质的研究，关于语文教学规律的研究；有关于语文教学的目的研究，关于语言思维训练的研究；有语文育人观的研究，语文教育文化背景的研究；有写作教学的理论研究，阅读教学的理论研究；有现代语文教育观念的研究，传统语文教育理论的研究。必须指出的是，于老师的理论研究不是引经据典的舶来品，也不是为理论而理论的空洞教条，而是扎根于语文教学的现实土壤，其出发点在于语文教育的现实问题，在于她所感觉到的教学中存在的问题，这是于老师理论研究的特色所在，是其研究的独特价值的体现。从理论研究的原本意义来考察，事实上所有的学科理论研究在它的最初，也是由于存在中的问题而设置的，目的是为了求真，但是在后来越来越体制化的过程中，人们似乎忘了它的真正目的。学科分类本来只是手段，但现在似乎已经成了目的，而且是唯一的目的。如果对存在缺乏体验，对生命缺乏敏感，那么无论怎样的理论和材料，都只是外在的摆设，只是一种没有融化成最终价值的手段。从这个意义上说，于老师的理论研究可谓是力矫时弊。事实就是如此，近 20 多年来，每当语文教学徘徊在一个层面上而不能超越的时候，每当语文教育研究争论不休的时候，常常总是于老师登高一呼，振臂一挥，一锤定音，这是许多人佩服于老师的重要原因之一。于漪老师之所以能够这样，这当然与她的人格魅力有关，当然与她的智慧有关，也当然与她对语文教育有深刻的理解和研究有关，站得高，望得远，所谓居高临下，明察秋毫是也。

《于漪文集》反映了于漪老师对语文教学实践规律的探究，具有非常现实的指导意义。这本文集既是写给专家看的，更是写给一线教师看的。文集既有如何教育孩子从小学会关心他人，也有讨论素质教育背景下如何进行语文课堂教学改革；既有研究怎样进行德育和美育教育，也有探讨如何发展学生的智力；既有研究引导学生学会学习语文，也有探讨如何激发学生的学习兴趣调动学生的感情激起学生的求知欲；既有研究如何启发学生神思飞跃，也有探讨如何把握记忆的支撑点；既有讨论语文教学中的观察训练，也有探讨中小学语文教学如何衔接；既有研究如何为课堂教学创设师生交融的佳境，也有探讨如何精心安排教学节奏。文集内容非常丰富，特别是收录了于漪老师62篇课文的教案，5篇课文的教学实录，还收录了于老师作文讲评50例和作文教学18讲，这些极具现实意义的教学实例，对一线教师无疑将具有很大的帮助，为老师们提供了范本，提供了依据，提供了学习的榜样。一段时间以来，语文教坛的教学研究处于一种上不着天、下不着地的状况，既缺乏哲学的理论高度，又不屑于做一些最基础的研究工作，导致两头落空，不少研究处于中间层面，泛泛而谈，不着边际。于老师的研究毫无疑问是我们的榜样，一切从实际出发，凡是教学需要的，她都深入地进行研究，无论宏观的，还是中观的，或是微观的，不论是哪个层面的研究，她都有独到的见解，她都能做到切中肯綮。

《于漪文集》反映了于漪老师 50 多年从事语文教育事业的思想轨迹，是一笔宝贵的财富，特别是青年教师可以从中获得许多成长的养料。文集中有许多是于老师的经验之谈，既有谈如何不断提高教师自己，也有讨论怎样做一个中学语文教师；既有畅谈奉献是教师的天职，也有纵论可贵是红烛精神；既有畅叙教书要讲究艺术，也有深谈教师要提高语言内在素质。读她的书，全然就像是在和她谈心，听她动情的叙述，听她讲过去的故事。每一次谈话都能真切地感受到她对青年的关怀，对事业的真诚。可以说于漪老师用一生写就了这部文集，这部文集同样写就了于漪老师一生的努力，一生的辉煌。

（此文发表在《中学语文教学》2003-2）

■ 散文家的博士论文

——读李镇西《民主与教育》

　　李镇西是我的好朋友，虽然他在成都，我在上海，但近几年我们每年都要碰面好几次。在一起的时候，我们总是不寂寞的，他善于聊天，调侃，我多半是忠实的听众，但一不小心，常常会成为他调侃的对象，引来哈哈大笑，而他却最多只是咧一咧嘴，作窃喜状。我们也会聊彼此的近况，常常是听他说出了一本什么书，羡慕之余，多半是佩服。他居然以40多岁的"高龄"把博士读了下来，而且又把博士论文出版了。

　　我曾经以几种"家"来戏称语文教学界的几个中青年实力派，我称李镇西是语文教学界的散文家。李镇西的散文的确写得漂亮，尤其是那些写人记事的散文，很有魅力，一是挺动情，读他的《爱心与教育》就很有几分感动；二是挺传神，他善于观察人，特别能发现被一般人忽略的特征，然后通过他的笔略带几分夸张但又非常真实地表现出来，他有点漫画的技法，但又绝不是漫画，比如他写我的散文，说我有几分苦相，说我有点"匪气"——这是一般人所没有发现但又是我所认同的，可见他的眼光有多毒。当然所谓"匪气"，我的理解是"兵气"，是军人之气，哈哈，自吹了。

散文家写博士论文，我想象不出该是什么样的。于是我利用暑假一本正经地读了李镇西的《民主与教育——一个中学教师对民主教育的思考》。读完以后有许多感想。李镇西的确是用心读了不少书的，而且也是用心思考了民主教育。他对民主教育作了全面的阐释，从作为政治制度的民主概念，说到作为生活方式的民主；从民主精神的解说，到民主教育的论述。他眼里的民主精神是平等、自由、法治、宽容、妥协的精神；他心里的民主教育是尊重学生的教育，尊重学生的人格，尊重学生的情感、个性、差异、人权、创造力。与此同时，也教会学生尊重他人。为了人们更清醒地认识民主教育，李镇西进一步从反面来论说专制教育是非人的教育，是听话教育，是共性教育，是等级教育，是守旧教育。我的直接感觉是李镇西在构筑民主教育的理论大厦。

李镇西吸收了当代许多教育研究的新思想、新成果，诸如共享理论、对话理论、平等中的首席的说法等等。可贵的是，他融进了许多自己的思考，在论述过程中常常会闪烁着思想的火花。例如："唯有具备自由意识的学生，才能成为明天的公民；人人都拥有自由思想的社会，才是一个真正的民主社会；而由拥有自由心灵的公民所组成的民族，将是一个永葆青春而不可战胜的真正伟大的民族！"洋溢着一种理性的激情。又如："'体制'不是万能的，也不是什么都可以往里面装的。从根本上说，比体制更重要的是人的素质！"这一句精彩的话切中时弊，发人深省。他常常从人们所熟知的现象入手进行分析，比如他关于"蹲下来和孩子说话"的分析。李镇西说："所谓肢体的蹲下来不过是居高临下的平易近人而已，骨子里还是把自己看得比学生高。"这个观点很有见地。又如他从女儿长发要被强令剪去说起，然后引申开去，作了非常精辟的论述："民主是自由的保障……如果没有人的思想自由，就绝对不会有民主的诞生。"这一番分析，于平常之处见出不平常，给人印象深刻。李镇西的确善于以小见大，书稿中不少地方都是从大家习以为常的细枝末节中拎出来考辨，例如他从老师向学生借笔和学生向老师借水杯的不同态度，分析出师生习以为常的不平等，见微知著，引人思考。

我不能同意李镇西的导师朱永新教授对本书的一个看法——"散文式的博士论文"。事实上这个评价过于简单化，不能正确传达出本书的风格特点。要我说的话，本书的风格总体上是一致的，基本上是理论性的论述为主，其语言风格常常是直截了当，比如，"自由是民主的起点，也是民主的重点；民主是自由的体现，也是自由的工具"。"民主精神外化于日常行为，便是民主修养。""我们现在的教育最大的弊端之一，正是挤压着属于学生个人自由的'私人领域'。"一针见血，精粹干练，毫不拖泥带水——这是我所喜欢的。除了理论论述的风格之外，作者的行文过程中还有不同的变化，有时与散文形式有点接近，主要表现为有时是大量事例的枚举，这是为了引人注意，比如谈到专制教育是非人教育时，作者一口气列举了九个例子，不厌其烦，目的是警醒读者。有时是引述生活中的教育事例，然后加以分析，叙议结合。有时是运用比喻来说明，例如关于启发与共享的教学模式，作者以不同的吃法来比喻不同的教学，有填鸭式，有诱导式，有共享式。有时他自觉或不自觉地把"我"摆进去，"我"的经历，"我"的想法，"我"的情感，"我"的意见，像是在和人谈心。这些散文化的写作方式、写作语言，对一线教师而言比较容易接受，有亲和力。当然书中的有些表达形式，比如什么"百倍的情感、千倍的赤诚和万倍的力量"，这种激动之下的夸饰语言，我是不大喜欢的。

值得一提的是在李镇西的著作里，常常能读到他自我解剖的话语，真切而令人感动，"有时学生对我提意见，我明知自己错了，却为了面子而'机智'地强词夺理，……我曾奉命动员学生为学校捐献图书，可我自己却很不情愿地只捐了很少很少的书"。对自己毫不留情，真诚地袒露自我，勇敢地将自我与学生进行对比。面对如此真诚，不由得不让人油然而生敬意。

作为朋友，我似乎早就应该为李镇西的著作写点什么，祝贺祝贺，但我实在没有某些人那种看头看尾就能写出书评来的技术，不认真读完书稿，我是写不出什么来的。现在虽然读完书稿，但并不深入，拉拉扯扯，写了以上这些话，姑且作为迟到的祝贺。

（此文发表在《上海教育》2005-7B）

一本活的教育学

——读李镇西《爱心与教育》

认识李镇西恰好有一年的时间（本文写作时间是 1998 年），虽然至今未曾谋面，但闻其声、见其字已是多次了。《语文学习》要我主持《青春书架》栏目，一口气约了十来个人，七八篇文章到手，觉得还是镇西的文章有味，当时也只是直感，经三次修改，李镇西推荐《爱的教育》就作为样板文首发出来。

一年的接触，尤其是读了他的《爱心与教育》，回过头来品品，觉得李镇西的文章不是做出来的，而是从心泉里流淌出来的。对理论的偏好，对思辨的兴趣，使我对记叙、说明一类的经验总结缺乏足够的耐心，有时甚至是不屑一顾，但《爱心与教育》很可能改变了我的陋习，破除了我的偏见。我是带着钦佩的心情去读的，读的结果是满满的感动。教育毕竟不同于哲学、逻辑学，虽不拒绝思辨，但绝对不可缺少爱心，有真诚的爱心，才有流动的血脉，才有有生命的教育。《爱心与教育》是一本活的教育学。活就活在他是源于许许多多的生活实例、教育实例，这些实例是李镇西和他的学生共同参与、共同创造的，其中有李老师倾注的心血，也有学生对李老师的感情回报。背学生上医院、鸡蛋的故事、秘密行动、父亲节贺卡、生日的祝福，全书是归纳的，而不是演绎的，不是僵化的教条，不是枯燥的原理，不是印证别人的理论，而是全部来自自己的实践，活生生，带着晨露，带着轻风，带着晚霞，几乎翻到全书的任何一页都有实例，都有真实的故事，心与心的碰撞，情与情的交流。整本书就是一条河，一条感情的河流，有曲折，有回旋，有起伏，有波澜，使你禁不住也要跃入河里，顺水漂流起来，关注河里的水，牵挂水中的人，文中纯朴善良的宁玮，就十分让我们牵挂。活就活在他是在广阔的生活背景下从事的语文教育，是真正意义上的大语文，不是为语文而语文的小语文，因而他是有生命力的，充满了生机活力。

从《爱心与教育》中我们看到许多学生的作文，这些作文大多不是老师的命题作文，不是学生在教室里用一两节课苦思冥想做出来交卷的作文，一切都是生活化的。生活需要，你就提笔作文；生活需要，你就提笔写信。老师完全不必为激发写作动机而费神，学生完全不必为没有写作动机而苦恼。爱戴老师，关心老师的家人，于是便有《秘密行动》；同学生日，送去真诚的问候，于是便有《生日的祝贺》；可敬可爱的李老师生日，于是便有《盛开在心灵的感情之花———给老李祝生纪实》；班级的温暖使同学振作起来，产生了战胜疾病的勇气，于是便有了《谢谢您，亲爱的班集体》……这类例子实在太多，在《爱心与教育》

中举不胜举。语文的外延和生活的外延相等，在这里得到很好的诠释。一切都是自然而然地发生的，学生的作文是不由自主、轻松自如的，随感情的起伏而起伏，行其所当行，止其所当止，自然、真挚。好的语文教学是目中有人的教学，好的教育著作也应该是目中有人的著作。李老师能上得一堂好课，但他不是以周游各地上示范观摩课而出名的老师；李老师能写得一手好文章，但他不是因文章漫天飞扬而出名的教师；李老师的教学，是以"教之在人"而让人感动；李老师的教研是以"言之有人"而让人动情。真正让人感动的教学，真正让人动情的教学研究，是让人难以忘怀的，这是无愧于被称为灵魂工程师的教师具有的品性。

（此文发表在《中学语文教学》1999-3）

■ 课的魅力其实就是人的魅力

——读《听李镇西老师上课》

我一向喜欢走进课堂听课，而不愿意看所谓的课堂实录，虽然现在的课堂实录已经蔚为大观、充斥书市，虽然我也曾经应编辑之邀写过一些课堂实录。课是在课堂中生成的，是灵动的，听者不断地与之碰撞交流，体验就由此而生。剧本似的文字很难再现灵动的、充满生机的课堂，就像读剧本与看电影一样的区别。

但是读《听李镇西老师上课》有一种别样的感觉。李镇西的课与李镇西的文字都有一种独特的魅力。我似乎很难用几个形容词来概括，我的直感是李镇西的课是他自己的课，是他的心灵、他的思想、他的情感、他对课文的理解、他对生活的认识与学生碰撞之后而生成的课，他的课带有他鲜明的个性特色。他的课堂教学的价值取向是"不要刻意追求什么'高潮'、什么'热闹'，我追求的关键，是我们每一个人的心是否走进了课文？""同学们只需要用自己的心尽可能贴近作者的心就行了。"（《冬天》）

他的这种价值取向是有具体标准的，"对一篇课文，怎样才算读进去了呢？我认为，第一，读出自己；第二，读出问题。所谓'读出自己'，就是从课文当中，读出自己所熟悉的生活或场景，读出和自己思想感情相通的某一个情节或人物形象，甚至读出触动自己心灵的一个时代或一段历史……我读出了自己——这就是所谓'共鸣'！同学们，'读出自己'就是欣赏。""什么叫'读出问题'呢？这就是研究。对于没有读进去的人，是提不出任何问题的。"（《冬天》）接下来的课就是按照这个"读出自己——读出问题"的程序来进行的。这样的教学化繁为简，返璞归真，折射了李镇西对语文课堂教学的基本观点，我赞同这样的观点，也欣赏这样的教法。当下，课程改革的宣传活动越来越多，理论家们的讲演越来越多，报纸杂志的观点越来越多，于是语文教学越来越复杂化，语文教学承载了越来越难以承载的任务，这样的结果是越来越"去语文化"，善良的语文老师们越来越不知怎么教了。把简单的问题复杂化，把复杂的问题复杂化，把复杂的问题简单化，把简单的问题简单化，这是我们常常碰到的四种不同的做法，每个人都会作出自己的心理判断和选择取向。我赞同李镇西的化繁为简，语文教学原本就应该是朴素的、单纯的，阅读教学到底教什么，实际上涉及阅读到底读什么的问题，李镇西的课体现了他的看法，当然这不是唯一的，比如，我的看法就与之不尽相同，关于阅读，我是按照"你读懂了吗——你同意吗——你欣赏吗"这样的程序来进行的，观点不尽相同，但价值取向还是一致的，那就是让语文课堂教学回归到朴素的原本状态。

李镇西老师的课堂教学的价值取向还体现在怎样教学上，我认为李镇西老师的课的一个明显特征是：把倾听还给孩子，把阅读还给孩子，把研究还给孩子，把讨论还给孩子，把创造性的解答还给孩子，把问题还给孩子。《冬天》的教学魅力还体现在，李镇西老师在课堂上的表现就像一个节目主持人，穿针引线，让同学们相互质疑辩论，相互解答对方的问题。他这个主持人是出色的，他的出色体现在他的适切的话语，适当的时候说适当的话，其实这很不容易，更何况李镇西的话语是那么精当、幽默、宽容、真诚、自然。愉悦了孩子，孩子们有一种成功的喜悦；愉悦了李老师自己，他也有一种成功的喜悦；也愉悦了在场听课的许多老师，因为他们欣赏到了一堂真实而成功的课，这种教学的结果就是师生同乐。

我常常与人谈起一堂公开课的基本标准：常态真实有效，师生和谐共振，实验性、示范性。以此为准我们来衡量李镇西老师的教学，无疑是令人满意的，若只以李老师教学的《冬天》来论，除了实验性不太明显之外，其余的都是很圆满的。当然实验性不突出，与这是一次"突然袭击"的上课有关，我们不能以此来苛责李老师。

我还想说说李镇西这本特殊的课堂实录的语言文字魅力，我曾经多次说起李镇西是语文教学界杰出的散文家，他的文字有一种抓人的力量，这个特点我无须过多分析，只要读他的文字，你就会有与我相同的感觉，不信，你就试试。

根深叶茂话"根林"

——为《追求高品质的语文教学》作序

根林，全名胡根林，上海市浦东新区语文教研员。不知道当初家里起名之时，是否就有根深叶茂之树林这样的寓意。根林老师的大作《追求高品质的语文教学》即将出版，信任我，嘱我作序，我欣然答应，不是我有多么高的语文教育研究水平，足以指点江山，写出纵横捭阖的语文专著评论，而是基于我和他共事三年的经历。

俗话说：树老根多，人老话多。一个年过半百的老人总爱回顾过去。知道胡根林，大概是在 2006 年到 2007 年，是从语文教学刊物上知道的。那时经常看到署名上海师范大学博士研究生胡根林的文章，印象中他在语文教学刊物上发表了许多综述性的文章，把语文教学的研究成果作了系统的梳理，也颇有自己的见解。这个工作是现在很多教师或教研员不爱做的，大家不爱做耗时费力的基础工作，但是如果不知道别人的研究成果，你如何在此基础上做进一步的研究，有道是：不知道世界纪录在哪里，你如何破世界纪录？当时的直觉是能够这样做的人一定能厚积薄发。

真的是这样，接下来我陆陆续续看到根林的很多文章发表在各种刊物上，有宏观的研究，也有微观的研究，有语文课程理论的研究，也有具体课例的研究，充分阐述了他对语文教学方方面面的研究成果，其中就有教学品质的研究。

2010年8月4日我从上海市建平中学校长调任浦东教育发展研究院担任院长兼党委书记，于是我和根林成为同事。一天，一个瘦瘦高高、斯斯文文的年轻人出现在我面前，自我介绍他就是胡根林，其时我才将文章中的根林和现实中的根林统一起来，仔细看看，觉得眼前这个人物与我心目中的人物还是比较一致的。

根林在教育发展研究院的师训部工作，师训工作涉猎较宽，大凡文科教师的师训工作大都由他负责操办，浦东面广量大，杂事颇多，也难为他了。他的主要兴趣在语文，主业是语文教育研究，人尽其才，把他调到语文教研员的工作岗位上，发挥他的专业特长。我丝毫不怀疑他的语文教育研究的理论功底，但我更希望他对语文教学实践有更多更丰富的经历，于是派他到我原来的工作单位上海市建平中学挂职担任语文教师，并给他配备了指导老师——我的大学同学、资深语文高级教师宁冠群。一年下来，胡根林上了一个班的语文课，把建平中学语文老师的课全部听过来，期间他还坚持华东师大崔允漷老师的博士后课程学习，做了许多研究工作，可谓是理论和实践相统一。

作为浦东新区的教研员，他报名进入我主持的浦东新区语文教师培训基地研习，上课，评课，课题研讨，读书交流，基地的活动也是他展示自我的小小舞台，印象中大家对他的观点还是颇为注目的，学员之间总是爱说胡博士如何如何。根林的评课是颇为专业的，与一般一线老师的评课方法不一样，他总是先从回顾开始，把一节课的教学客观回放，然后再来讨论，而且他一般也不轻易说这堂课好还是不好，总是要进行学理分析，言语之中更多的是娓娓道来，而不会是慷慨激昂，更不会是居高临下的训导。当时我就有一种自我庆幸的感觉：让根林做语文教研员是正确的选择。后来学校语文老师们的反馈也大致和我的感觉相同。

　　浦东新区教育系统有一个工作模式，就是项目化工作方式，浦东教育系统的人按照一定的程序，都可以申报教育内涵项目，方案经专家评审通过之后就可以进行专项研究。根林提出一个教育内涵项目"高中语文质量目标"的研究动议，征询我的意见，并且让我主持，我深知作为教育行政管理者，大量的时间泡在具体管理实务中，抽不出多少时间进行研究，但是基于对项目本身的认同，对扶持青年教师的责任义务，我答应担任这个项目的主持人，愿意参与中青年教师的专题研究，具体研究工作更多的由根林和其他语文教研员、语文骨干教师去承担。在这个过程中，根林展示了作为一个团队负责人的基本素质，从方案的制订，到研究人员的分工，从研究计划的建立，到每一次研究会议的落实，他都作了精心细致的布置安排，这项研究扎实而成果丰厚，与根林的作用是分不开的。每一次项目评审，我们这个内涵项目都获得优秀的评价，确实让人欣喜。

现在根林这本《追求高品质的语文教学》专著即将出版，根林在这本著作中从语文学科的学术品质，讲到语文课堂的教学品质，再到教师发展的专业品质。作为读者而言，我们需要知道的是课题研究者的前提假设，语文学科学术品质的前提假设的依据是什么，作者胡根林提出的前提假设是：语文学科是汉语、文学和文章三者的"复杂复合"。他从现代语文教学文体分类的演变进行审视和反思，分析"定篇"的存在和组合方式，分析知识形态及呈现方式，阐述语文教材与课程资源的开发与利用。他以上海版教材为例，对小学语文教材字种字量进行研究，分析阅读教学、写作教学、信息技术与语文课程整合等问题。我们由此知道他的研究结论是如何产生的，充分体现了它的科学性、可靠性，也说明他的研究过程是科学的，足以支撑他的结论。

我尤其欣赏根林课堂教学品质的研究，这是应当下语文教学现状而生的课题，是针对性很强的研究。他的研究不是纯粹的理论研究，而是理论和实践相统一，他的很多结论是在大量的课堂案例研究的基础上形成的，我们从中既可以看到他对课堂品质的阐释，也可以看到他更具体的问题分析、案例分析，还可以看到有一定深度的原因探究，显然这是需要研究者深入而广泛的调查，需要一定的数据、调研支撑，需要对问题的本质进行科学而细致的分析。

最近两年，根林不断有专著问世，扎根于语文教学实践，如此勤奋努力，一定根深叶茂，让人仿佛看到一片绿茵茵的语文教学树林就在前方。

■ 美文美教
——为陆新全《美文美读美教》作序

2011 年 7 月下旬，我随教育部组织的赴美教育考察团在美国东部考察名校，当地时间半夜，我正在睡梦中，接到了陆新全老师的电话，原来他已经编完《美文美读美教——经典课文细读与教读思路设计》一书，希望我给此书写一篇序言，我二话没说欣然答应。

陆老师比我年长许多，是资深语文特级教师，现在我们应该算是同事。他在原来的南汇区教师进修学院担任副院长，南汇区与浦东新区合并，南汇区教师进修学院自然并入浦东教育发展研究院，其实我们并没有真正共过事，去年我调进浦东教育发展研究院之后，他已经退休。但我与陆老师的交往却是很早的事情了。我们都是语文特级教师，在一起开语文教学方面的会议是常有的事情，不知何时，也不知因为何事，使他对我产生了比较好的印象。

记得七八年前，有一次接到他打给我的电话，希望我接受南汇区教育局的聘请，担任他们语文骨干教师的指导教师。这是南汇区教育局的一个重点项目，为培养中青年骨干教师，每个学科聘请两名导师，我诚惶诚恐，心想自己何德何能担得起如此重任？但想起陆老师十分信任的目光、恳切而真诚的邀请，不敢推却，只有接受。他十分认真地组织专家组开会，请教育局领导为我们颁发证书。接下来就是安排讲座时间、示范课时间、观评课时间，每一次安排他都是提前很长时间和我商量，并及时给予提醒，每一次活动都精心组织、细致安排，每一次活动下来都给予鼓励性评价。这不但是对我负责，也是对南汇区骨干语文教师负责，我感受到他那份强烈的责任心，我相信南汇区的教师也能充分感受到这份责任心。

在不断的交往中，我对陆老师有了更多的了解。他是一个朴素而厚道的人，一如他的形象，给人信任，让人放心。和他交往，你会感觉到非常轻松、自然，他操着并不标准、夹带一丝南汇口音的普通话，但他的话语中永远是那么真诚、平和，我从没有见过他大声说话的情景，对人总是微笑。他对语文教学有一种近乎执着的热情，他对中青年语文教师有一种永远不动摇的真诚和热心。

他做过很多课题，不少课题在南汇区获奖，在浦东新区获奖，在上海市获奖，每一次课题都是他带着许多中青年语文教师一起研究，所以在他周围始终围绕着一群热爱语文、热爱陆老师的人。大概是两年前，他的课题"基于文本研究的语文教师专业发展培训的实践研究"启动，很真诚地请我给予意见和建议，我更多的是看到他对语文教学、语文教师培养的真知灼见，在他看来语文教师应该具有广博的知识储备、丰富的社会阅历和更强的阅读领悟力、阅读鉴赏力和确定教学内容的能力，但是现实情况并不尽人意，而且以文选为主要内容的我国语文教材，不是先有层级清晰的知识结构体系和目标要求，然后以此选编"学材"（教材），而是仅仅依据"课程标准"来编写教材。"课程标准"虽然规定了各个学段的知识技能要求，但是这种知识技能要求较为抽象，比较笼统，没有将教学要求科学有序地分解到各册教材、各个单元，在他看来"如何解读文本，怎样发掘和确定教学内容（价值）"，是横亘于语文教师专业发展进程中的一只"拦路虎"。

于是他萌发了建构一种"在动态的、立体的、往返循环式的实践研究和理论学习过程中，以'文本研究'为核心的教学实践活动"，试图为语文教师突破一个又一个专业发展瓶颈、提升专业综合素养提供源源不断的智慧和经验、信心与动力，毫不犹疑地说，这个志向是宏伟而高尚的，他是认真的人，带着他的团队进行攻关，分析问题，解决问题，身体力行，探索实践。作为课题"基于文本研究的语文教师专业发展培训的实践研究"的成果之一，《美文美读美教——经典课文细读与教读思路设计》编写完毕，这部书凝聚了他和他的研究团队的心血，几乎每一篇文稿，陆老师都要与老师们进行深入细致的讨论交流，直到他满意为止。

我真诚地相信，这部基于问题、立足于解决问题的书一定会产生积极的作用，无论对语文教学，还是对语文教师。

■ 我叫时海成

——时海成老师《中学生文言学习便捷词典》序言

有些话说来似乎有些矫情，但好像又找不到更好的说法，只好顺其自然地写下来。

我自己写了一些文章，出了几本书，承蒙别人错爱，渐渐地有些"名气"，这其实完全是浪得虚名。知道你的多了，于是找你的人也就多了，这是所谓名气带来的副产品，比如常常有人要我为他的书作序，认识的或不认识的都有，不认识的，我更不敢答应，不知道其人，又不懂其书，贸然写来，也许就会犯下错误。认识的我也不敢轻易答应，原因很简单，作序先要把别人的著作通读一遍，形成一定的看法，这才好写。现在我们最缺的就是读书的时间，我们永远有做不完的事情，读书的时间一再被排挤，就是有点空闲，也会读一些有关自己研究方向的书，所以能推则推，尽量以最客气的语言说出拒绝的话。但有些人是拒绝不了的，比如时海成老师。

认识时老师快 20 年了，最早认识他是在语文教学研究的刊物上，那时我正兴致勃勃地写一些有关语文教学方面的文章，因此自然比较关心语文教学研究刊物上的文章，读得多了，也就认识常常发表文章的人了，时海成就是其中之一。印象中他的论文谈作文教学的比较多，也时有评论高考的，常常有自己的独到见解。他评论高考的文章多半比较激动，批评挑刺的比较多，言辞激烈，观点鲜明，当时就引起了一些同行的注意。后来我和他前后都调入上海，调入浦东，他从安徽调入东昌中学，我从江西调入建平中学。记得好像是 1996 年，我刚刚评上特级教师不久，东昌中学的校长让我到他们学校和语文老师交流，那时我才见到时海成。记得见面时，他做了自我介绍："我叫时海成。"我一下子想起了在刊物上见到的这个人名，但是眼前的人与印象中的人有较大的差距，印象中时海成应该是锐气逼人，或者是眉头紧锁总是对事情不满意、对人持怀疑态度的人，一句话：就是不太好接近、不太好相处的人。但站在我面前的全然是一个和蔼、忠厚、本分、老实、朴素甚至有些许不修边幅的中年教师形象，我一下子觉得这个人是一个可接近的人。之后在几次语文教研活动中我们常有相遇，也一起讨论过语文教学的有关问题。后来他评上了区级骨干教师（其实他完全可以评上学科带头人，只是他自己没有申报，这也是他本分的表现），参加了"上海市浦东新区程红兵语文教师培训基地"，这个基地由我主持，时海成老师年长我许多，参加我的基地，我真的不好意思。这样一来我们有了近距离接触的机会，我对时老师有了更深的认识，他是一个十分真诚的人，真诚既体现在对人上，更体现在对语文教育事业上，他对语文教育的研究可以说到了痴迷的地步。这时我才知道，他不仅在作文教学、高考评价等方面有所研究，而且在阅读方面也有很深的造诣，不论是现代文阅读，还是文言文阅读，都有非常扎实的功底。他治学严谨，十分务实，钻研很深，笔耕不辍，时常有研究成果发表在刊物上。他编著的这本《中学生文言学习便捷词典》，从学生实际出发，有助于学生学好文言文，从常用实词到常用虚词，从文化常识到文学常识，从文言今译到诗词常识，简明实用，针对性强，销路很好，此次再版，他又作了认真细致的校正，增加了新鲜的内容，相信此书的出版，对提升中学生文言文阅读水平将有较大帮助。

■ 建平校园里金苹果的光芒

——为黄良福老师《记录人生》作序

　　黄良福老师是上海市建平中学的数学特级教师，退休多年。一天他到办公室找我，望着眼前的黄老师，他的头发已经花白，但精神矍铄，说话语速仍然很快，而且话语简洁、直截了当，颇有声势。他告诉我，他准备把几十年从教过程中写下来的教育教学论文结集出版，要我这位现任的建平校长为他的书稿写序言，年近70的老人如此有心，令人感佩，我立刻答应。

　　他走后，关于他的回忆一下子呈现在我的眼前。1994年我初到建平的时候，他是学校的教务处主任，同时负责高二（1）班的教学，我们同在一个班任教，他教数学，我教语文，他说话、做事雷厉风行，甚至走路也像一阵风似的，活脱脱就是一个数学老师的风格。这个班有很多数学尖子，在黄老师的指导下进行奥林匹克数学竞赛的训练，我对数学十分外行，尤其对那些烧脑的竞赛题更是一窍不通，因此对能够指导竞赛的黄老师格外敬佩，不时听到他的学生获奖的消息，更是令我刮目相看。1996年上海市评选特级教师，我有幸与他一起申报参评，期间他不时勉励我，同时提醒我要有思想准备，上海的特级教师是不容易评上的。听他自我述职，听他讲述过去的辉煌战果，我直觉在这个身材并不伟岸的老教师身上有一种非常难能可贵的品质，那就是对事业执着的追求，严谨认真的治学态度。1996年8月我们一起评上了特级教师，黄老师还先后获得了全国、上海市、浦东新区许多奖励、荣誉称号，他是教育部等颁发的"全国优秀教师"称号获得者，是中国数学奥林匹克高级教练，是上海市市级骨干教师培养工程的导师，是浦东新区开发建设贡献奖获得者。

这一切的背后是他永远不知疲倦的辛勤耕耘，几十年如一日，学生这样评价他："瘦削的肩膀，却担负着学校的荣誉，深度的近视，却模糊不了他敏锐的洞察力。"他始终怀有高度的责任心，痴迷于数学教学，痴迷于中学教育，用他的认真，用他永不停歇的工作激情，创造了优异的成绩，令人感动！

在教育教学过程中，黄老师笔耕不辍，有很多教育教学的研究论文发表在《上海教育》《中学教育》《数学教育》《中学数学》等刊物上，这些论文都是他自己的研究心得，来自教育、教学的第一线，带着晨露的清新气息、带着青草和泥土的芬芳，属于草根式的研究，有真知灼见，对今天的课程改革、教育教学会有许多的启发。

匆匆写完这篇小序，看着在春日阳光下熠熠闪光的硕大的金苹果雕塑，我想：建平之所以能够成为一所名校、一所老百姓向往的学校，就是因为有许许多多像黄良福这样的老师，崇尚一流，追求卓越，他们的身上同样闪耀着金苹果的光芒。

■ 教师的成长就是有感而发

——为李志凡老师的著作作序

今年一个偶然的机会，我接到李志凡老师的信件。他的信件是发到上海市建平中学的，我已经调到浦东教育发展研究院两年，还是常有人把信件寄到我的老地址，看来建平中学在我人生旅途中是一个十分重要的驿站。

接到李老师的信件，李老师其人的模糊记忆慢慢泛起，我知道他原本是上饶市铁路中学的语文老师，写作教学很有一套，尤其是最喜欢下水，亲自动手写文章。他在当时上饶市的语文教学界很有名气，发表了各式各样的文章，有教育研究方面的，也有小说、诗歌、散文、杂文等文学作品，不一而足。

我是1982年大学毕业分配到江西省上饶市第一中学任教高中语文的，从学校到学校，教学经验几乎是空白，对一些颇有名气的老师总是怀有仰慕之心，当时李老师其人就是我仰慕的一个专业人士。我特别佩服他在繁忙的教学之中还能发表那么多文章，仰慕他一个中学教师能成为江西省作协会员，一个被作家专业组织认可的名副其实的作家。

　　李老师所在的是铁路系统的学校，一般而言，他们的学校常常以"铁路"为圆心开展相关活动，即各个地方的铁路中学组织在一起搞教研活动。我所在的是上饶市地方上的学校，地方教育局所管的学校经常一起开展教研活动，同一个地方的同一学科老师交往相对多一些，因此我与李老师之间的交往相对较少。交往虽少，但是不妨碍彼此知道，我当时以青年教师的身份有一些小小的影响，比如参加优质课大赛获奖，发表一些不登大雅之堂的文章。后来我到上海发展，他仍然十分关注我的成长，这是我从他的信件中得知的。

　　我是一个游击战士，以前是随父母辗转各地，我是安徽人，却出生在福建厦门，期间在福建福州、广西南宁短暂生活过，直到 12 岁从厦门来到江西省上饶市，无论到哪里，别人都认为我是外乡人。从 1972 年 1 月到上饶，到 1994 年 7 月离开，期间四年在南昌读大学，可以说我在江西生活了 22 年，到目前为止，这里是我待的时间最长的地方。很多人认为我是江西人，我也是认同的，从某种意义上说，江西是我的第二故乡，所以江西的朋友、老师来找我，我是有一种乡情在其中的，因此接到李志凡老师的信件，我很开心，即刻根据他在信中留下的电话号码给他打了过去，电话中，彼此聊的都很开心。而后李老师想把他历年发表的作品结集成书出版，征询我的意见。李老师的邮件是这样说的：

程校长：惊喜地收到您的来电，并告知您的电子邮箱。

说实话，我是抱着"投石问路"的心态给您寄信的，因为不少人一旦当"官"或者名声远播，就身不由己地"变"了，就居高临下地傲视当年相识的小人物了！而您，还是那么平易近人，依然没有忘记已成老朽的我，这种情谊、这种品格，更令我肃然起敬。虽然我比您年龄大多了，但论学识、才干、远见，您足为我师，希望不吝赐教！我知道您很忙，实在不好意思打扰您，暂且先寄上初稿目录，并以附件形式添上拙作 10 篇烦您雅正。看有没有出书的必要，看是否有些微实用价值？

对于李老师出书，我是认同的，我的想法是：一个读书人，喜欢读书，喜欢写字，思考生活，思考教育，思考人生，发表了自己的一系列想法、见解，到了老年，想把这些承载着自己一生心血的作品结集成书，无论怎么说都是一件好事，都是一件很有意义的事情，也是自己圆自己一个美好的梦。我很快给李老师回了邮件。

尊敬的李老师：你好！

今天由于北京教育学院的领导到访，我必须接待他们，所以不能和你多打电话，见谅。

和你一样，我也是一个普通的语文老师，不过是写了一些小文章而已，你千万不要客气，论资历我无法和你相比，论成果你也是著述颇丰的人。我大略看了你的目录和部分文章，觉得这些都是你的经验总结，源于实践，针对性强，应该说是颇有价值的，是多年辛勤劳动的结晶，我觉得有出版的必要。但是我也实话实说，不能指望它挣钱，因为今天看书的老师越来越少。教师如果不看书，买教育类书的人就少，所以就不挣钱。出版自己的著作，自己看看开心，送送朋友开心，这也是挺好的事情。谢谢你对我的信任。

这是我的一孔之见，不一定对，仅供参考。

这封邮件发出之后，我心里也是惴惴的，因为我说"不能指望它挣钱"是真话，生怕李老师看了有些许不舒服。没有多久，他的回信打消了我的顾虑。他表示有心出书，而且想请我作序，于是有了这篇文章。

李老师把他的部分作品发给我看，粗粗看来，文章涉及许多方面，邓小平的教育思想、作文教学、语文教学改革、语文课堂教学、教师素养提升、学生素质提高，家庭教育、学生习作的点评、学校教育教学管理、教研组活动开展、校园文化建设等等。文章都是有感而发，在当时来讲有很具体的现实针对性，有些观点，今天看来仍然很有现实意义。尤其是李老师写的短文，更鲜明地体现了他的文风特色和文章的意义所在。我们不妨列举一些文章的标题，即可窥见一斑。《课堂该像什么》《校园与校围》《为学为教长才干》《关注孩子的朦胧意识》《一则笑话的启示》《小心"露珠"坠落》《校运会余波》《他并不"木"》《慎之，表扬》《想孩子上进吗？》《选择教育时机》《小树也是生命》《珍爱孩子纯真的心灵》《重视对青少年学生的影视美学指导》《致教研文章撰稿者》《重视高效阅读能力的训练》《怎样构思妙喻》《育儿二题》《写作不是为了说谎》《信手拈来妙趣生》《谈一道高考语文试题》《抒情贵在自然》《说说"换换环境"》《陪孩子玩谜》《如此教囡有方（小品）》等等。单看这些标题，你就会被吸引，这些千字文，短小精悍，来自生活，源自教育，带着鲜活的生活露珠，带着教育的阵阵花香，朴实而真挚，针对教育，发表自己的真知灼见，很有思想，对人颇有启发。

我们讲教师的专业化培训，要求教师做教育科研课题，促进教师专业化成长，高唱教育家办学。从李老师的这些小文章中，我忽然悟到了一点教师成长的道理，中小学教师的成长与大学教授有明显的不同，他们的成长始终离不开具体的教育生活，离不开具体的每一堂课，离不开对教育细节的认真反思，离不开经过思考之后的有感而发。他们的观点未必系统，话语方式未必理论化，但是他们是奔着一个个具体问题而来的，只要有些许心得，只要能改变一点现状，只要能提高一点教学成效，就是有价值的、有意义的。长此以往的积累，渐渐改变他们的思维，改变他们的教育生态，改变他们的习惯，这就是他们的成长过程，毫不轰轰烈烈，但却明明白白。

我想通过此书的阅读，或许能给更多的一线教师以有益的启示，这就是本书出版的意义之所在。由衷祝贺李老师著作的出版，并祝愿李老师一切都好，健康、愉快！

是为序。

■ 张玉琴的快乐成长

——为《探索小学语文教师专业成长之路》作序

张玉琴老师是浦东教育发展研究院的退休高级教师，曾经担任南汇区教师进修学院的教研室副主任，基于对小学语文教育的热爱，退休之后，仍然从事语文教育研究工作，负责一个小学语文教师工作室的工作，带领一批有后劲、有潜力的小学语文教师进行课题专项研究。现在课题结题，成果出来，张老师热情邀约我作序，因为我是语文老师，也因为我是现任浦东教育发展研究院的院长，我知道却之不恭，只好勉为其难，写点想法，就教于张老师及其小学语文教师。

其实，我对小学语文知之不多，我长期担任重点中学的高中语文教师，比较熟悉的是中学语文的教学情况，尤其是高中语文教学，毕竟有近30年的高中语文教学经历。学习张老师主持的《小学语文教师专业能力形成的实践研究》的课题报告，还是有不少收获的。张老师的这项课题，将小学语文教师专业能力的构成分为"专业素养"和"教学技能"两大要素：以"完善教师的知识结构"为目标，构建并实施了"八个一工程"，提升小学语文教师的专业素养；以"形成教学实践智慧"为核心，细化并实践了"课堂教学行为要求"，提高小学语文教师的教学技能。同时，对促进小学语文教师专业能力形成的培养途径与操作策略进行了探索与研究。我以为这个研究本身很有意义，实现教育质量提升的关键在于教师自身素养的提升，提升教师已经成为当下基础教育的一项重要工作。张老师的课题就是针对语文老师专业化程度不高，存在着知识面狭窄、知识结构不完善、教学实践智慧不足、教学执行力不强，面对语言文字优美、人文内涵丰富的教材出现了教学捉襟见肘的状况而设立此项课题研究的，课题本身有较强的现实针对性。

张老师先期做了关于这项课题的理论研究和梳理工作，我非常认同张老师的说法，把"教学技能"喻为"剑法"，而"专业素养"则可喻为"内气"，要成为优秀的语文教师，既要"学剑法"，更要"练内气"，而最终见高下的则是内气。我以为语文老师的知识素养、文化素养决定了语文课堂的成功与否，决定了语文教学的成功与否。苏霍姆林斯基所在的学校，有一位老师上了一节非常成功的课，有老师问他："为这堂课，你备课花了多长时间？"这位执教的教师说："直接备课时间也就是1～2个小时，也可以说为这堂课准备了一辈子。"语文教学尤其如此，我们经常说语文的外延和生活的外延相等，语文老师在课堂教学过程中会涉及许多知识，提升自身修养，才能成就精彩课堂。

张老师带领她的团队进行课题研究，历时三年，成果非常显著，除了一个主报告之外，书中还收录了老师们的生活随笔和下水作文，教育手记和教学叙事，作品赏析和读书一得，教材解读和教学设计，教学实录和教学评析，教学案例和教学论文，可以说这些都是教师专业成长的足迹。记录的过程就是思考的过程、研究的过程、提高的过程，我可以肯定地说经过这些过程的老师都会有较大的提升。

　　教育是文化的传承，课程改革就是为了更好地实现文化传承，教师文化素养的提升就是关键所在，我们要不移余力、持之以恒地把它做好。

■ 许贤苏校长的研道
——为《教育有道》作序

　　我与广东省佛山市南海区教育局曾结下不解之缘，承蒙教育局领导的信任，我五下南海，给校长们作报告，谈学校核心发展力，谈学校文化；给老师们作报告，谈教师专业修养；给语文老师上实验课，并听课评课；给副校长、教研主任、学科组长讲课程领导力。这期间深入到诸多学校去考察，与校长、老师们座谈交流，就学校办学过程中的问题、困惑一起切磋分析，探究解决问题的方法与途径。这期间，我结识了许多同行，在交流过程中深深地被他们身上透露出来的敬业精神感动，也为他们身上所体现出的南粤文化智慧所折服。许贤苏就是其中一位非常优秀的小学校长。

　　许校长是一位勤勉、儒雅的校长。初次见面，就听他谈起自己学校的许多情况，学生的活动，教师的成长，学校的发展，如数家珍，他那并不伟岸的身体透露出一种自豪，一种对小学教育由衷的热爱，他非常兴奋地谈到他即将出版面世的专著《教育有道》，眉眼中、言谈中流露出一种自信。承他的信任，要我为他即将出版的著作作序。

回到上海不久，就接到他发来的短信，告诉我《教育有道》电子版已经发到我的邮箱。虽然我的工作十分繁忙，但还是抽空认真阅读了全书。这是一部承载了许校长的教育思想、体现了许校长教育管理智慧的书稿，来自他的学校，来自他的管理，来自他和他的伙伴们第一线的教育实践。

许校长是个崇尚学习、善于创新的人，向同行学习，向学生学习，向书本学习，向实践学习。他同时也是一个个人能力很强的人，是一个"张口能说，提笔能写，动手能干"的多面手，集学识、见识、本领和能力于一身。这部著作记录了他的小学教育管理经验，点点滴滴，十分真切，十分切合实际，有不少地方值得校长们参考借鉴，诸如以校园精神文化发展人，以"扁平化"管理模式用好人，以民主管理方式让教师做主人，以校长的人格魅力感染人。又如校长要通过个人卓越才能的充分表现和发挥，使下属对自己产生敬佩感。校长要通过个人高尚的道德情操以及民主作风，使下属对自己产生敬爱感。校长要通过个人渊博的知识，使下属对自己产生信任感。校长要通过个人模范行为等，使下属对自己产生敬重感。校长要通过人情往来、不定期慰访下属、参与文体活动等，使下属对自己产生亲密感。

许校长是一个有教育思想的校长，他倡导全校教师构建和谐的绿色人际关系，生活中无微不至地关怀他们，工作上资源高度共享，他认为：构建校园绿色人际关系，管理者一方面要善于创造良好、健康的校园民主管理气氛，为教师创设一种充满温情和激情的工作环境与学校文化氛围，鼓励平等对话、强调教师参与，增加重大决策的透明度，吸收师生参加重大决策的讨论，善于耐心听取、吸纳他人意见，真诚地开展批评和自我批评，学会尊重和礼遇，加强亲和力。许校长理解的所谓平等友爱、融洽和谐的人际环境也就是绿色人际关系：人与人之间相互尊重，相互关心，相互协调、相互促进。

我从《教育有道》中读出了许校长的办学思想，那就是更加注重教育质量，更加注重内涵发展，更加注重优化发展途径，更加注重激发全体教师的内在动力，坚定不移地走课程改革之路，走文化建设之路。

有人说企业是金字塔形态，底部是"存在的企业"，上方是"有形象的企业"，再往上是"有文化的企业"，塔尖是"有哲学的企业"。

我认为学校也是金字塔形态，底部是工具性学校，往上是形象性学校，再上是文化性学校，塔尖是思想性学校。

有思想，才有远见，有远见，才有机遇；有思想，才有力量，有力量，才有作为；有思想，才有文化，有文化，才有文明。学校要有思想，首先是校长要有思想，

校长应该修炼自己的思想气质。"有一句哲言：'一个民族有一些关注天空的人，他们才有希望，一个民族只是关心脚下的事情，那是没有未来的。'我们的民族是大有希望的民族，我希望同学经常地仰望天空，学会做人、学会思考，学会知识和技能，做一个关心世界和国家命运的

人。"其实任何一个教育工作者都应该把这一点作为提升自我修养不可或缺的重要方面，要有开阔的视野、博大的胸怀、深邃的目光和强大的不可磨灭的精神。康德说："世界上有两件东西能够深深地震撼人们的心灵，一件是我们心中崇高的道德准则，另一件是我们头顶上灿烂的星空。"视野要开阔，要跨越历史、跨越国界，就会有大的格局，有历史的穿透性。综观全局，高瞻远瞩，才算智者。要有民族意识和人类意识，关心国家发展，关心世界发展。关注天空必须胸怀浩然之气。怎样养胸中之气？必须感悟人生之道、民族发展之道、祖国兴盛之道、人类生存之道。

学校校长的思想发展来源于对历史、对未来的双向思考。从历史来说——如果学校没有对传统教育和对本校文化底蕴的大胆继承，就不可能有走向未来的底气；从未来来说——没有长远发展的眼界，看不到崭新的教育曙光，就不可能有超越昨天、敢为人先、甘作示范的魄力。

我衷心期望在创办品牌名校的过程中，许校长带着他的同伴们让大沥实验小学这块南粤教育品牌绽放出更加耀眼的光辉。

代后记　好的教育，面向未来

程红兵

一、面向未来，教育必须创新

我们的教育必须创新，这是社会变化的必然。

麻省理工学院院长哥顿·布朗曾经说过："要当一名教师，首先要做一个预言家。你的教育不是为了今天，而是要为了学生们想象不到的未来作准备。"

曾经有未来学家预言："未来20年，现在世界上60%的职业岗位将消失。"

倒退30年我不相信这句话，但现在我对此深信不疑，因为现实的巨大变化让我们看到了这种趋势。

我们的未来社会将发生重大的变化，那么作为老师，我们需要预言什么？我认为，我们要知道未来社会人需要具备什么素养，这是对历史方向的洞察，而不仅仅是修辞，是真切地走到我们身边的，是我们必须真实地面对的。

二、面向未来，教育创新需要三个"读懂"

教育创新，关键在读懂这几个方面的重要信息：政府的教育政策；社会的教育期许；学校的发展方向。

国家可以做什么？从国家战略层面看，是定位核心素养。所谓核心素养，指的是学生能够适应终身发展和社会发展需要的必备品格和关键能力。这种品格和能力，在时间跨度上是终身发展，在内容跨度上涉及社会发展的方方面面。核心素养概念对于我们的教育创新有着很强的指导意义。

美国的核心素养是关键的未来技能——"6C"概念，包括创造力与想象力；批判性思维与问题解决；沟通；合作；品质教育；公民的权利与义务。面对这"6C"，作为校长，我们首先考虑的是怎么落地，怎么实践？

我曾与一所美国学校的校长提出一个方案，两所学校20多名师生一起学习。在三个星期内，除了音乐、体育课保留，其他的所有课都停了，大家用这些时间去制作一部智能手机，也就是一种项目式学习。三人一个小组，每个小组都有美国和中国的学生。两周之后，孩子们真的制造出了这么一部手机，而且是一部带有个性化色彩的手机，在市面上独一无二。

第三周，大家用所学的物理、计算机知识来解说这部手机。这三周的学习让学生和老师们受到很大震动。这个学习方式对孩子影响很大，他们也觉得很有意思。

今年我们打算继续这项学习，计划让大家生产一部3D打印机，在这个过程中他们不仅是创造力和想象力得到很大释放，提高了问题解决能力，提高了沟通能力，还学会小组合作，"6C"的未来技能在这之中都得以体现。基于核心素养我们学校可以做的事还有很多。

那么社会在做什么呢？我们认为社会正在重新定义知

识、学习和教育，有新的概念和趋势，我们必须了解。关于知识的新定义，联合国教科文组织在 2015 年发布的《反思教育：向全球共同利益的理念转变》一书中提出，知识包括信息、理解、技能、价值观和态度。我们过去经常把它们分割开来。这种对知识的理解是一种动态化的理解，把知识理解过程中的相关技能、态度、价值观都整合在了一起。

重新定义学习。2018 年，世界银行发布了《2018 年世界发展报告》，其中第一次针对教育发展展开专项讨论——《学习以兑现教育的承诺》，讨论内容包括如何确保学校教育带来真正的学习。那么什么叫真正的学习？很多专家提出，这包括以下几个方面：从分科的学习转向综合的学习；从文本的学习转向实践的学习；从单一的学习转向混合的学习。

但我认为，这些观点不够准确，我们应该既有分科的学习又有综合的学习，因为分科学习我们已经有了很多年的实践，很有意义，只是我们忽略了综合的学习，而只有把两者相结合才更加适合学生的未来。同样的道理，文本学习也很重要，不能完全忽视，完全的实践学习也会带来新的问题。基于课本的学习与基于标准的学习也要相结合；概念离散的学习与观念聚合的学习也同样是并重的；符号记忆的学习与深度理解的学习也要结合。这几个方面，只重视一点而忽略另一点都是不可能实现的。

重新定义教育。何谓新的教育、真正的教育？世界经济合作与发展组织 2017 年 7 月 20 日发布了报告《2017 影响教育的趋势聚焦》，提出在这个背景、文化、语言与宗教日益多样化的"超级多元化时代"，教育系统面临两个重要责任：第一，必须调整教学与学习，以反映并回应多样化，满足所有人的教育需求；第二，作为个体初始社会化的主要社会空间，教育在培养跨文化技能中必须发挥重要作用。

现代社会是多样化的，教育如果还在单一化，就不是真正的教育，我们应该和有不同文化和不同特点的人交流，走进他们，读懂对方。

那么如何实现这两个责任？这份报告指出，首先，教育内容必须适应种族、宗教和文化多样化；其次，学校要通过明确的教学，培养接纳多样文化的态度和价值观，认可学习和认知的多样化并调整教学策略；再次，在知识构建中要考虑多个视角，以体现多样化。

100 多年前杜威就说过："如果我们仍然以昨天的方式教育今天的孩子，无疑就是掠夺了他们的明天。"换句话说，学校必须创新，才不会被社会抛弃。那么教育创新的路径在哪里？战略布局、培养目标、技术创新、课程变革、学校校园上都要有变化。

三、面向未来，学校教育创新的主要路径

学校教育创新的路径与学校发展息息相关。从战略布局上讲，我们必须站在历史的高度，确立面向未来的核心教育思想。美好的教育是人的社会化与个性化和谐统一，理想的学校是东方教育精华与西方教育优势的和谐统一，

优秀的课程是科学精神与人文思想的和谐统一。二者不可偏废，只强调一点而忽略另一点都会存在问题。

我们必须拥有宽广的国际视野。现在的大数据大大加速教育变革，互联网大力帮助推进学生发展，但我们最终是要让人类智能战胜人工智能，而不是唯技术论，不是人工智能至上。这一点上，我们要用深邃的战略眼光去认真审视未来学校的教育生态。

未来的学校要更换跑道，这与教育技术也息息相关，以后我们不需要太多竞争，而是让不同的人走不同的道路。我们可以自选空间，在不同的环境、不同的时间中进行学习；在这样的环境中，我们要做到低评价，不要一切围绕着考试转，而是延时评价，今天上课明天测试，这样功利化严重打击了孩子们的学习积极性和热情。我们要拉长时空来看我们的学生、学校与教育。

从目标的角度来讲，对学生的智能目标，我们要依据未来社会对孩子技能的要求，我们要强化知识整合能力，强化概念间的联系、信息分类整合、知识有效迁移等等，我们要提高孩子的高阶思维能力，即批判思维能力、问题解决能力和协作创新能力，这是面向未来社会必须具备的能力。

从理解力上来讲，我们要提升学生的跨文化理解力，孩子要有跨文化的视野，要在不同文化空间自由穿梭，实现不同话语方式的自由调频，要读懂对方的价值思想，要在不同思维方式实现自由切换。

从技术上讲，我们能不能撬动教学现代化？比如，我们可以从经验性教学走向实证性教学。为什么一些学校不放心青年教师？还是因为老教师有经验，都是凭经验教学。但现在，我们可以打破唯经验的方式，实时采集教学动态数据，借用数据化的手段进一步了解学生。例如，以前老师在上课的时候提出问题，一般都是优秀的学生回答，他们答对了老师就误以为全班都掌握了，但客观上不是这样的，很可能有大部分学生还不懂。通过现代大数据的手段，实时采集数据，即时统计分类分析数据，我们就能准确掌握课堂上学生的接受度，由此解决夹生饭问题。

此外，我们能否从标准化教学走向个性化学习？我们现在班级授课制，只能是标准化。但有调查测试表明，同样是刚走进学校的 6 岁孩子，有些已经达到 8～9 岁孩子的心智发展水平，有些却只达到 4～5 岁孩子的心智发展水平，而我们的教学并没有实现因人而异。我们可以通过对每一次课堂表现情况、作业、测验等情况的综合分析，实现教学个性化，让学习内容因人而异；基于个体学习档案，确定孩子适合什么样的学习方式，实现学习方法上的因人而异；基于学生行为数据，实现学习情境因人而异。要从传统式教学走向现代化教学，我们可以做很多尝试。例如人工智能技术（AI），可以实时采集学生生物模态信息，让教学更精准；可以通过智能诊断推送学习资源，基于孩子自己的方式学习，让孩子的学习更个性；同时，实现评价及时多元客观全面，使评价更科学；又比如虚拟现实技术（VR），它具有高沉浸度，让教学更入心；它还具有自主性，学习更方便，可以把血细胞、分子结构这些微观世界无限放大，孩子可以快速地掌握；同时还更有交互性、更安全，让一些无法在现实中进行的实验清晰地展现在我们面前。

但这些技术在课堂运用过程中也出现了一些问题，例如一些课堂上，VR技术与教学分裂，怎么将二者更好地结合，这是很多学校和老师在课程设计上需要解决的问题；又如VR眼镜可能会损伤学生眼睛，这一点上我们要用推进全息技术代替VR眼镜；VR内容制作比较复杂，我们要推动企业、学校、政府三方合作。这需要我们一步一步地去解决这些问题。

在实现课程现代化上，很多学校进行了尝试，比如：

从群体式课程走向个体式课程——必修课程分层走班、选修课程分类走班、特需课程定制走读，从面向群体走向面向个体。

从分科式课程走向整合式课程——例如学术课程要以主题为依据；实践课程要以产品为依据；生涯课程要以人生为依据，都可以展开，进行尝试。

从闭合型课程走向开放型课程——例如联合大学双向开放，实现你来我往；走向社会立体开放，学校只是社会的模拟，必须让学生进入到真实情境中学习；面向世界互动开放，学会协同合作，和世界各地的教师共同探讨问题，实现跨文化的理解和接纳。开放的课程，才是未来的课程。

课程不仅仅是几个学科，要让孩子面向丰富多彩的生活；不仅仅是知识系统，应该让孩子关注复杂的社会系统；不仅仅是解题能力，通过课程要提高学生的问题解决能力；

不仅仅是提高学生的学科能力，要以此提升学生的综合素养；不仅仅是为了分数，必须着眼于未来的学习。

同样的道理，我们的校园建设也可以创新。我们可以从工业化校园走向智能化学园，建设绿色、智能、泛在互联基础设施，随时随地共享优质资源，集成智慧的新学习场景。校园要从静态化走向动态化，增加校内空间的灵动性。当然学校还要从训练式营园走向成长性乐园，建设促进交流的人文环境、优美和谐的自然场景和充满诗意的艺术空间。

总之，作为教育工作者，一定要做个预言家，不仅仅是为了现在的教育，更是为了孩子的未来，为了我们共同发展的明天。

图书在版编目（CIP）数据

好的教育，面向未来：我眼中的教育人物／程红兵著.—上海：华东师范大学出版
社，2019
ISBN 978－7－5675－9259－9

Ⅰ.①好...　Ⅱ.①程...　Ⅲ.①中学教育—教育研究—文集　Ⅳ.① G632.0-53

中国版本图书馆 CIP 数据核字（2019）第 097196 号

大夏书系·教育新思考

好的教育，面向未来
——我眼中的教育人物

著　者	程红兵
策划编辑	李永梅
审读编辑	任媛媛
封面设计	奇文云海·设计顾问

出版发行	华东师范大学出版社
社　址	上海市中山北路 3663 号　邮编　200062
网　址	www.ecnupress.com.cn
电　话	021－60821666　行政传真　021－62572105
客服电话	021－62865537
邮购电话	021－62869887　地址　上海市中山北路 3663 号华东师范大学校内先锋路口
网　店	http://hdsdcbs.tmall.com/

印刷者	北京季蜂印刷有限公司
开　本	700×1000　16 开
插　页	1
印　张	12
字　数	120 千字
版　次	2019 年 8 月第一版
印　次	2021 年 5 月第二次
印　数	6 101 - 8 100
书　号	ISBN 978－7－5675－9259－9
定　价	42.00 元

出版人	王　焰

（如发现本版图书有印订质量问题，请寄回本社市场部调换或电话 021-62865537 联系）